JN049939

国際商事仲裁の基本

大貫 雅晴 ［著］

同文舘出版

はしがき

　国際商事仲裁は，国境を超える紛争（cross border disputes）を解決する最も適切，かつ好まれる解決手段であるといわれる。国際商事仲裁は主に企業同士が当事者合意により中立的で専門的な第三者である仲裁人を選んで紛争の解決を図る。裁判より利便性の高い解決手段として広がれば国際取引の拡大にもつながることが見込まれる。しかし，残念ながら日本は，魅力ある仲裁地として世界から評価されていないのが現状である。日本を代表する仲裁機関である日本商事仲裁協会（JCAA）の取扱件数は年間 10 ～ 20 件程度にとどまっている。一方，国際商業会議所（ICC）の年間取扱件数は 853 件〈2021 年〉，シンガポール国際仲裁センターの年間取扱件数は 469 件〈2021 年〉である。

　このような状況下で，日本も魅力ある仲裁地を目指して，政治，行政，民間が国際仲裁活性化に向けて動き出している。UNCITRAL 国際商事仲裁モデル法（2006 年改正）を採用した改正仲裁法（2024 年 4 月 1 日施行）が施行され，国際調停による和解合意の執行力の付与に関するシンガポール条約の加盟（2024 年 4 月 1 日発効）を果たし，また，東京にビジネスコートが設立され，ビジネスコート内に国際仲裁に関する裁判手続を専門的に処理することができる専門部が置かれるなど，日本における国際仲裁，調停振興に向けての法整備基盤は構築されている。

　仲裁・裁判外紛争解決手続（ADR）に関心のある者の間で知識と経験を共有し，人材の育成，研究，普及活動を行う公益社団法人として設立された日本仲裁人協会（JAA），日本を代表する ADR 機関である JCAA が国際仲裁振興に向けての種々の改革を推進しており，また，国際調停実施機関として JAAの下部機関である京都国際調停センター（JIMC-Kyoto）が京都に設立され，日本の国際仲裁，ADR の振興が図られている。

　仲裁，ADR の教育面においては，日本仲裁人協会（JAA），日本国際紛争解決センター（JIDRC），JCAA，JIMC-Kyoto が中心となり，若手の国際仲裁，ADR の実務家，研究者を育成するための教育活動や，企業法務部，若手弁護士，研究者等に対する広報，宣伝等の活動を積極的に行っている。

学生の教育，広報においては，国際商取引学会が主催する国際仲裁コンペ，VIS moot Japan が同志社大学で毎年開催されており，全国から大学生が国際仲裁を実践的に学ぶ機会を提供している。

　一方，書籍，論文では，高度な理論，断片的な部分を取り上げたものが多く，国際仲裁を体系的にまとめた教育，啓発，普及を目的とした基本書があまり見られない。そこで筆者は，国際仲裁の基本事項を体系的にまとめた，理解しやすい基本実務書が必要であると考えて，本書の出版を企画した次第である。

　本書は，国際仲裁の教育，啓発，普及を目的として，国際仲裁に関わる事項全般について，講座形式にてその基本を体系的に解説，紹介している。

　本書の第1講は，「国際仲裁とは─国際仲裁，ADR 概観」，第2講「仲裁合意」，第3講「仲裁条項のドラフティング」，第4講「仲裁人」，第5講「仲裁手続の当事者と関係者，多数当事者仲裁」，第6講「手続の開始」，第7講「仲裁手続」，第8講「口頭審問，証拠調べ期日，迅速仲裁手続」，第9講「仲裁廷による暫定保全措置と緊急仲裁人制度」，第10講「仲裁と調停の連結」，第11講「仲裁判断」，第12講「仲裁判断後の問題点と仲裁判断の取消し」，第13講「仲裁判断の承認及び執行」，第14講「投資仲裁」の全14講の構成で，大学，大学院での講義において利用しやすいように各講ごとにテーマの解説を完結させている。

　大学の学部生及び大学院の学生，企業の法務部の方々，これから国際仲裁を手掛けようとする弁護士，研究者に国際商事仲裁の基本を体系的に理解し，認識を深めていただき，国際仲裁，ADR の発展にお役に立てることを願っている。

　本書は，日本商事仲裁協会の月刊誌『JCA ジャーナル』に連載した論文，他資料を基にまとめたものである。執筆にあたり種々ご協力いただいた日本商事仲裁協会広報部次長の西村俊之氏にお礼を申し上げる。

　最後に，本書を出版するにあたり，同文舘出版（株）取締役専門書編集部長青柳裕之氏及び同編集部の高清水純氏には，本書の出版をお引き受けいただき，本書の企画，校正まで大変お世話になった。心から謝意を表したい。

大貫　雅晴

目 次 ——————————————————————————————

第5講　仲裁手続の当事者と関係者，多数当事者仲裁

第6講　手続の開始

第7講　仲裁手続

第8講　口頭審問，証拠調べ期日，迅速仲裁手続

第9講　仲裁廷による暫定保全措置と緊急仲裁人制度

第10講　仲裁と調停の連結

第11講　仲裁判断

第12講　仲裁判断後の問題点と仲裁判断の取消し

第13講　仲裁判断の承認及び執行

第14講　投資仲裁

第1講

国際仲裁とは
—国際仲裁，ADR 概観—

　国境を越える紛争（cross-border disputes）は，国家裁
判所によらないで，仲裁，調停等の裁判外紛争解決手続
（ADR）により効果的に解決されている。ADR は国際商
事紛争を解決するうえで重要な役割を果たしている。特
に国際商事仲裁は最終的な紛争解決手段としてよく利用
されている。

　第1講では，裁判外紛争解決手続の概観を紹介して，
その中で最もよく利用されている仲裁を取り上げ，国際商
事仲裁の特徴，メリットを紹介し，国際商事仲裁の法的枠
組みについて解説する。

I. はじめに

　国際仲裁は，国境を越える紛争（cross border disputes）を解決する最も適切であり，かつユーザーに好まれる手段であるといわれる。国際仲裁，裁判外紛争解決手続（ADR）に関する世界的に信頼性の高い調査報告書である "2021 International Arbitration Survey: Adapting arbitration to a changing world"（「調査報告書2021」）[1] によると，紛争解決手段として回答者の9割がArbitration alone（仲裁単独）又はMed-Arb（調停と仲裁との組み合わせ）を選択している。仲裁地の選択では，ロンドン，シンガポール，香港，パリ，ジュネーブが好ましい五大仲裁地として挙げられている。魅力ある仲裁地としてユーザーが選択する要素は，①裁判所，司法制度が仲裁に親和的であり，仲裁を支持している，②司法制度が仲裁の公平性，独立性を維持，推進している，③仲裁合意，仲裁判断の執行承認の実績，④緊急仲裁人，及び仲裁廷による暫定保全措置命令の執行の可能性等が挙げられる。

　日本は，残念ながら，魅力ある仲裁地として世界から評価されていないのが現状である。このような状況下で，日本も魅力ある仲裁地を目指して，政治，行政，民間が国際仲裁活性化に向けて動き出している。

　本書では，国際商事仲裁を広く周知，理解をしていただくために，国際商事仲裁に関わる事項全般について，その基本を体系的に解説，紹介していく。

II. 裁判外紛争解決手続（ADR）

　国際商取引の紛争解決手段は，大きく分けて，公的・強制的な紛争解決手段

---

1 「調査報告書2021」は，ロンドン大学クイーンメリー校（Queen Mary University of London）と世界的に著名な法律事務所ホワイト・アンド・ケース（White & Case）が，2020年10月から2021年3月の期間に行った共同調査報告書である。調査対象者は，アフリカ，アジア太平洋，欧州，北米，中東諸国の弁護士，企業内弁護士，仲裁機関事務局，仲裁人等である。オンラインによる質問に対する1,218名の回答者の回答をまとめた報告書である。

である国家裁判機関と，当事者合意に基づく私的自治による解決手段である
ADR に 2 分できる。ADR とは，Alternative Dispute Resolution の略称で，
裁判外紛争解決手続という。国際商取引から発生する紛争解決メカニズムを図
表 1 に示す。

図表 1　国際商取引から発生する紛争解決手段

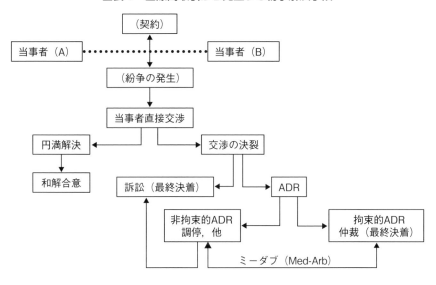

　ADR は当事者合意に従い，多様なアプローチによるフレキシブルな手続が
可能であり，その種類は，仲裁（arbitration），調停（mediation），アジュデ
ィケーション（adjudication）[2]，ディスピュート・ボード（dispute board）[3] 他，

2　ディスピュート・ボード（dispute board：DB）は，海外建設，プラントにおいて利用される
　ADR である。DB とは個別のプロジェクトごとに設置する紛争処理委員会のことである。中立・独
　立性のある 3 名の経験のある技術者，法律家などによって構成される。契約当事者間で解決できな
　い紛争に対し勧告又は裁定を下し，早い段階で現場レベルでの解決を可能にする制度である。DB
　はプロジェクトの着工時から新工後の瑕疵担保期間を終えるまで存続する。

3　アジュディケーション（adjudication）とは「裁定」や「判定」の意味である。アジュディケーシ
　ョンによる裁定は当事者に対して契約的な拘束性はあるが，仲裁判断や判決のような法的拘束力を
　持つものではない。主に建設関係に利用されている ADR である。

多種多様である。

ADR の典型例としては仲裁と調停を挙げることができるが，仲裁は拘束的（binding）ADR であり，調停は非拘束的（non-binding）ADR である。仲裁と調停はその性格，機能において大きく異なる。

1. 仲裁（arbitration）

仲裁とは，当事者間の紛争に関して，当事者が合意により公平，中立な第三者（仲裁人という）を選任して，その仲裁人に当事者間の紛争の解決を委ね，その仲裁人が下す判断（仲裁判断という）に当事者が服従することで最終的に解決する手続をいう。仲裁判断は最終であり確定判決と同一の効力を有する。

2. 調停（mediation/conciliation）

調停とは，当事者間の紛争の解決につき，公平，中立な第三者（調停人）に入ってもらい，その調停人の仲介により，当事者が紛争解決の交渉をして協調的，建設的に解決する方法である。調停人の役割は当事者の話し合いを促進して和解に導くことにある。調停人は，紛争解決の判断を下す権限はない。調停人からは当事者に対して和解案が提示される場合が多いが，当事者はその和解案を受け入れるか否かは自由であり，その和解案には強制されることはない。調停と仲裁の比較表を図表 2 に示す。

図表 2　調停と仲裁の比較

	①当事者合意	②解決案 / 判断	③法的判断	④強制力	⑤最終性	執行力
調停	◯	解決案△ *1	△ *2	×	×	△ *3
仲裁	◯	仲裁判断◯	◯	◯	◯	◯

*1：評価型調停（evaluative mediation）では調停案の提示があるが，対話促進型調停（facilitative mediation）では調停案の提示がない場合もある。

*2：調停人の解決案は法的な正当性はある程度考慮されるが，法的判断を示すものではない。

*3：国際調停による和解合意の執行に関するシンガポール条約が 2020 年 9 月に発効し，同条約に基づくと国際調停による和解合意に執行力が付与されることになる。なお，日本は現在同条約加盟国である。

3. ミーダブ（Med-Arb），アーブ・メッド・アーブ（Arb-Med-Arb）

　ミーダブ（Med-Arb）は，非拘束的 ADR である調停（mediation）と拘束的 ADR である仲裁（arbitration）を組み合わせた解決方法である。手続としては，仲裁を行う前に，又は仲裁の手続途中に調停を行い，調停で解決ができない場合には，拘束的かつ最終的解決手続である仲裁に移行する方法である。また，調停が成立した場合に，その和解合意を仲裁判断（consent award）として執行力を持たせることを目的に，仲裁に移行する方法がとられることもある。

　ミーダブの利点は，調停と仲裁の利点を上手く組み合わせているところにある。調停は，拘束的手続ではないが，上手く行くと短時間で解決できるため，時間と費用の大幅な節約となる。

　最近では，アーブ・メッド・アーブ（Arb-Med-Arb）の解決手法が開発されている。アーブ・メッド・アーブでは，仲裁の申立てを受けた後，調停機関に移送して，まずは調停を試みて，調停が不調となった場合には，仲裁手続に戻り，仲裁審理手続を経て仲裁判断を下す仕組みである。

III. 国際商事仲裁

1. 国際商事仲裁とは

　国際商事仲裁とは，当事者が合意によって選任した独立，公正な第三者である仲裁人により，当事者間に生ずる国際的，商事的要素を含む契約上の紛争，及び一定の法律関係の紛争につき当事者が直接的，間接的に選択した法的，実務的標準の手続に従い，最終的に，かつ拘束的に解決する手続である。仲裁は私的自治による解決手段であり，仲裁人の選任，仲裁地，仲裁手続規則，使用言語などの仲裁手続の多くの部分で当事者の合意に基づいて手続が行われる。

　国際（international）と商事（commercial）の定義及びその範囲は明確では

なく，その解釈は一様ではない。UNCITRAL 国際商事仲裁モデル法の定義では，「国際（international）」は，仲裁合意の当事者がその合意時に異なる国に営業所を有する場合，仲裁合意における仲裁地，商事関係の義務の実質的な部分が履行されるべき地，もしくは紛争の対象事項と最も密接に関連する地が当事者の営業所の国の外にある場合，または，当事者が仲裁合意の対象事項が2国以上に関係する旨を明示的に合意した場合を国際的としている。

「商事（commercial）」は，商事的性格のすべての関係から生じる事項を含むように解釈されなければならず，契約から生じるか否かを問わないとしている。

2. アドホック仲裁と機関仲裁

仲裁の分類の1つとして，アドホック仲裁（ad-hoc arbitration）と機関仲裁（institutional arbitration）の区別がある。アドホック仲裁又は機関仲裁のいずれかの形態を当事者合意により選択することができる。いずれの形態も有効な仲裁であり，その手続に基づき下される仲裁判断は当事者を拘束する。

(1) アドホック仲裁

アドホック仲裁（ad-hock arbitration）は，当事者間に発生した紛争を仲裁機関に付託しないで，当事者が自ら仲裁手続を進めていく仲裁をいう。アドホック仲裁では当事者が合意に従って仲裁人を選任して，仲裁人の指揮の下で，仲裁手続を当事者合意に基づき進行させることになる。

アドホック仲裁の手続規則に関しては，①仲裁地の仲裁法を前提に，当事者が仲裁人の数を決定して，仲裁人の選任を行い，仲裁審理手続を進めていく場合と，②当事者合意に基づき既存の仲裁手続規則を採用して，その規則に従って仲裁人の選任，審理手続を進めていく場合がある。

通常は，当事者が仲裁手続規則を利用しないで手続を進めることは難しいため，国際商取引法委員会（UNCITRAL）がアドホック仲裁の利用促進のために作成した UNCITRAL 仲裁規則（UNCITRAL Arbitration Rules）[4] を採用して仲裁手続を行っている。「調査報告書2021」によると，アドホック仲裁で

利用する仲裁手続規則についての質問に対する回答で，76%がUNCITRAL仲裁規則を選択するという結果が出ている[5]。企業間の国際商事仲裁だけではなく，投資家と国家との間の投資仲裁でも，アドホック仲裁にUNCITRAL仲裁規則が利用されている。

　アドホック仲裁の問題点としては，①当事者間の手続進行の協力姿勢がないと，一方当事者の非協力的態度による手続遅延，手続の長期化，費用負担が増大するリスクがある，②仲裁に慣れていない当事者が手続を自ら行うことで，手続上の瑕疵が発生しやすく，結果として手続上の瑕疵を理由に仲裁判断が取り消されることがある，③アドホック仲裁を承認してない国もある，例えば，中国の仲裁法は仲裁地を中国とするアドホック仲裁を承認していない等が挙げられる。

（2）機関仲裁

　機関仲裁（institutional arbitration）は，当事者間の紛争の仲裁申立てを受けた常設仲裁機関が，仲裁申立てから，仲裁人の選任，仲裁審理手続，仲裁判断までの仲裁手続上の管理サービスを提供することで手続が進められる仲裁をいう。

　機関仲裁のメリットには，①仲裁機関が，通常，仲裁人リスト，仲裁手続規則を備え，手続管理事務局を備えて仲裁手続の管理がなされることでより効率的かつ迅速で，また，手続上の瑕疵の少ない手続が期待できる，②仲裁手続に要する費用（管理費用，仲裁人報酬，手続実費等）については，通常，各仲裁機関が備える仲裁規則に費用規定が設けられており，仲裁費用の透明性が保たれている，また，③機関仲裁による仲裁判断は，アドホック仲裁と比べて対外

4　UNCITRALにより1976年4月28日に採択された，主に，アドホック仲裁に利用される仲裁手続に関するモデル規則である。2010年には改正版が採択されている。投資家と国家との間の条約に基づく投資仲裁の透明性（transparency）の規則を組み入れた2013年版，また迅速仲裁手続を組み入れた2021年版がある。
5　「調査報告書2021」9頁 "Which ad hoc procedural rules are most used?" の質問の回答統計を引用。

的信頼性がより高いといわれている。例えば，仲裁判断の執行を裁判所に求める場合に，機関仲裁による仲裁判断の方がアドホック仲裁による仲裁判断より裁判所の信頼性が高い等が挙げられる。

　常設の仲裁機関としては，日本では日本商事仲裁協会（Japan Commercial Arbitration Association：JCAA）がある。他，国際商業会議所（International Chamber of Commerce：ICC），ロンドン国際仲裁裁判所（The London Court of International Arbitration：LCIA），ア メ リ カ 仲 裁 協 会（American Arbitration Association：AAA）／国 際 紛 争 処 理 セ ン タ ー（International Center for Dispute Resolution：ICDR），シ ン ガ ポ ー ル 国 際 仲 裁 セ ン タ ー（Singapore International Arbitration Centre：SIAC），香港国際仲裁センター（Hong Kong International Arbitration Centre：HKIAC）等が著名な仲裁機関として挙げられる。

3．国際商事仲裁の特徴，メリット，デメリット

(1) 国際商事仲裁の特徴とメリット

　仲裁は，私的な紛争解決手続であり，国家裁判機関による手続と比較すると，当事者の合意に基づきフレキシブルに手続を進めることができ，国境を越える紛争の解決に最も適した手段である。国際商事仲裁の特徴とメリットを以下に挙げる。

① 柔軟性：仲裁は私的自治による手続であり，柔軟に手続を取り決めることができる。

② 専門性：当事者合意により紛争に適した専門家を仲裁人に選任することができる。

③ 最終性：仲裁は一審制度であり，上訴制度はない。

④ 仲裁判断の法的拘束性：仲裁判断は裁判所の確定判決と同一の効力がある。

⑤ 非公開，秘密性：当事者合意により，手続，判断を非公開にすることができる。

⑥ 迅速性：裁判の三審制と比較すると一審制の仲裁はより早く決着がつく。

⑦ 国際性：仲裁地，仲裁人の国籍，言語，審理場所等は当事者間の合意により フレキシブルに決めることができる。

⑧ 仲裁判断の国際的強制力：外国仲裁判断の承認及び執行に関する条約 （ニューヨーク条約：加盟国は約170カ国）により外国仲裁判断の承認，執行が保証される。

⑨ 中立性：国際性のある仲裁人により手続が行われることで，また，UNCITRAL 国際商事仲裁モデル法，UNCITRAL 仲裁規則の普及により，近代的仲裁法制度が整った仲裁地での仲裁手続，仲裁判断においては国際標準が保持され，国家的バイアスがかかりにくい。

⑩ 訴訟回避：仲裁合意は当事者間の裁判権排除の合意であり，仲裁合意の妨訴抗弁により，国家的バイアスがかかる懸念のある国家裁判所，また親しみの薄い特殊な訴訟手続（例えば，広範囲の証拠開示手続や陪審員制度等）の国家裁判所の訴訟手続を回避できる効果がある。

(2) 国際商事仲裁のデメリット

　国際商事仲裁は国際商事紛争の解決手段として数多くのメリットがあり最も多く利用されている解決手段であり，今後もこの傾向は変わらないものと思われる。しかし，数多くのメリットを有する仲裁であるが，一部デメリットもある。具体的には以下のとおりである。

① 複雑な争点が多岐にわたる紛争等の仲裁の場合には，仲裁手続が長期に及ぶことが少なからずある。

② 仲裁人の報酬，代理人の報酬，手続管理費用はすべて当事者負担であり，仲裁手続の長期化により，結果として当事者が負担するコストが非常に高額となる。

③ 仲裁は一審制で上訴制度がなく，仲裁判断に不服があっても上訴できない。仲裁判断の取消事由は，手続の瑕疵と公序良俗に反する場合に制限されている。

④ 仲裁手続は原則当事者の合意により進められることが前提であり，非協力的な当事者の遅延戦術等により手続の遅延，障害となることもある。

⑤ 仲裁は当事者間の仲裁合意が要件であり，仲裁合意が無くして一方的に仲裁を開始することができない。取引関係のない第三者との間の紛争等は紛争が発生してから仲裁付託合意をすることになり，利害の対立する紛争当事者間の仲裁付託合意は非常に難しい。

IV. 国際商事仲裁を規律する法的枠組み

仲裁は私的自治による解決手段であるが，仲裁の法的地位，有効性を監督する国内及び国際の法的枠組みが必要である。この法的枠組みは仲裁合意，仲裁手続，仲裁判断の最終性と執行力に及ぶ。国際的には国際条約と UNCITRAL 国際商事仲裁モデル法，各国の仲裁法がある。当事者合意により採用される仲裁規則は仲裁手続準則となる。

1. 条約

国際商事仲裁に適用される国際条約に関して日本が加盟している条約は，ジュネーブ議定書（1923 年），ジュネーブ条約（1927 年），ニューヨーク条約（1958 年），他国との間の二国間条約，例えば，日米友好通商航海条約がある。これらの条約のうち，国際商事仲裁に関して最も影響力を持つ条約がニューヨーク条約である。約 172 カ国，地域が加盟している外国仲裁判断の承認及び執行に関する条約である。ニューヨーク条約の正式名称は「外国仲裁判断の承認及び執行に関する条約」（Convention on the Recognition and Enforcement of Foreign Arbitral Awards）で，1958 年に発効している。なお，ジュネーブ議定書及びジュネーブ条約は，ニューヨーク条約締約国がこの条約により拘束されるときから，及び限度において，それらの国の間で効力を失う（ニューヨーク条約 7 条 2 項）。

経済連携協定（Economic Proliferation Agreement：EPA），自由貿易協定（Free Trade Agreement：FTA）ほか，二国間及び多数国間投資条約に関連して発生する国家と投資家との間で発生する投資紛争の解決手段として仲裁が利用される。この仲裁を投資仲裁というが，投資仲裁に関する条約として

ICSID 条約がある。ICSID 条約の正式名称は，「国家と他の国家の国民との間の投資紛争の解決に関する条約」（ICSID：Convention on the Settlement of Investment Disputes between States and Nationals of Other States）である。世界銀行の提唱により，外国企業と投資受入国家の間の紛争の調停，仲裁の手続を提供することを目的にした条約である。ICSID 条約は，1966 年に発効しており，日本は同条約の加盟国である。

2. UNCITRAL 国際商事仲裁モデル法

　仲裁法の国際的標準化に最も影響を与えているのが，UNCITRAL 国際商事仲裁モデル法（モデル法）である。UNCITRAL により 1985 年 6 月 21 日に採択され，2006 年に改正モデル法が採択された（改正モデル法）。モデル法は条約ではなく模範法である。各国の仲裁法に同モデル法を採用することで効力を持つことになる。モデル法を採用する際にその全部を採用することも，また，一部を採用しないこと，また，修正することもできる。数多くの国が，モデル法を採用して近代的，国際標準の仲裁法を施行している。

3. 国家法（国内仲裁法）

　国際商事仲裁を規律する法律には各国の仲裁法がある。各国の仲裁法は，国際的標準化に向けての改正，立法化がなされている。

　日本の仲裁法（仲裁法）は，2004 年に単独法として施行されているが，モデル法に一部修正を加えて立法化している。

　近年，日本において仲裁法改正の要望が高まり，法制審議会は仲裁法制度部会を設置して審議を経て「仲裁法の改正に関する要綱」を提出した。法制審議会がまとめた「仲裁法の改正に関する要綱」に基づく仲裁法改正案が国会で承認され，「仲裁法の一部を改正する法律」（改正仲裁法）が施行された。

　改正仲裁法は，2006 年改正モデル法を採用したものである。改正仲裁法の骨格を以下に紹介する。

　① 仲裁合意の書面性の改正：

　　書面によらないでされた契約において，仲裁合意を内容とする条項が記載

され，又は記録された文書又は電磁的記録が当該一部を構成するものとして引用されているときは，その仲裁合意は，書面によってされたものとみなす。

② 仲裁廷が発令する暫定保全措置命令の類型・発令要件の整備：

暫定保全措置命令は，（ⅰ）予防・回復型：紛争対象の物・権利について，著しい損害又は急迫の危険を避けるために必要な措置・原状回復，（ⅱ）禁止型：財産の処分などの禁止，審理妨害行為の禁止，証拠の破棄行為等の禁止の措置の2つに大別されている。

③ 仲裁廷が発令する暫定保全措置命令の執行力の付与：

暫定保全措置命令の執行等認可決定の規律を置く。暫定保全措置命令を得た当事者は，裁判所に対して，裁判所が暫定保全措置命令に基づく強制執行等を許す決定を申し立てることが認められる。

④ 仲裁関係事件手続に関する規定：

仲裁地が日本国内にあるときは，東京地方裁判所及び大阪地方裁判所にも競合管轄を認める規定を新設。両裁判所には仲裁専門官を配置する。

⑤ 仲裁関係事件手続における外国語資料の訳文添付の省略：

裁判所が相当と認めるときは，執行等認可決定の申立てにおける仲裁判断書の日本語翻訳文の提出の省略，外国語で作成された書証の翻訳文の添付の省略が可能となる。

4. 当事者が合意する仲裁手続の準則（仲裁規則）

仲裁は私的自治による紛争解決制度であり，手続準則は当事者合意によって定められる。機関仲裁では，常設の仲裁機関が仲裁手続の管理を行うが，仲裁機関は，通常，仲裁手続規則を備えている。仲裁機関が定める仲裁規則は，当事者間の合意する仲裁手続の準則に相当するとされる。アドホック仲裁では，UNCITRAL仲裁規則を当事者間の合意により採用することで仲裁手続の準則となる。

日本仲裁法26条では，「仲裁廷が従うべき仲裁手続の準則は，当事者が合意により定めるところによる。ただし，この法律の公の秩序に関する規定に反してはならない。」としている。

Ⅴ．仲裁手続に関する裁判所の権限，関与

　仲裁は国家裁判所とは無関係に，私人である仲裁人が下す判断によって紛争を解決する私的自治による紛争解決手段であるが，仲裁判断に裁判所の判決と同一の効力が与えられている以上，国家がこれに貢献的に援助，監督することがある程度必要であり，裁判所は仲裁手続に関連して関与することができる。しかし，裁判所が過度に仲裁に干渉することは仲裁の私的自治を損なうことになる。

　仲裁が私的自治に基づく制度であることから，裁判所の過度の介入を抑止することを目的に，仲裁手続に関する裁判所の権限については，原則として，当事者の合意によってその範囲を拡大したり，また，新設することができないとされる。

　日本仲裁法 4 条では，仲裁手続に関しては，裁判所は，この法律に規定する場合に限り，その権限を行使することができると定めて，裁判所の過度の介入を制限している。

　裁判所が仲裁手続に関与でき，その権限を行使できる事項は以下のとおりである。

　① 仲裁地が定まっていない場合における裁判所の関与（同 8 条）
　② 裁判所による通知書面の送達の実施（同 12 条 2 項）
　③ 裁判所による仲裁人の数の指定（同 16 条 3 項）
　④ 裁判所による仲裁人の選任（同 17 条 2，3，4 項）
　⑤ 裁判所による仲裁廷の仲裁人忌避（同 19 条 4 項）
　⑥ 裁判所による仲裁人の解任（同 20 条）
　⑦ 裁判所による仲裁廷の仲裁権限の有無についての判断（同 23 条 5 項）
　⑧ 裁判所による証拠調べの実施（同 35 条 1 項）
　⑨ 裁判所による仲裁判断の取消し（同 44 条 1 項）
　⑩ 裁判所による仲裁判断の執行決定（同 46 条 1 項）
　⑪ 暫定保全措置命令の執行等認可決定（改正仲裁法 47 条）

公益社団法人日本仲裁人協会（JAA）

　日本仲裁人協会（Japan Association of Arbitrators：JAA）は，法律実務家・研究者を主な構成員として，仲裁及び調停等に関連する人材養成，研修，研究，普及・啓発を目的とした団体である。

　日本の仲裁の振興，活性化のために世界に通用・活躍する人材の育成を目的として，種々の活動を行っている。代表的な活動の1つに，日本国際紛争解決センター（Japan International Dispute Resolution Center：JIDRC）及び英国仲裁人協会（Chartered Institute of Arbitration：CIArb）と共同で，世界標準の仲裁人養成講座の提供，下部組織として日本初の国際調停機関である京都国際調停センター（Japan International Mediation Center in Kyoto：JIMC-Kyoto）の運営，仲裁法改正，調停に関するシンガポール条約の加盟に大きな役割を果たしている。同協会は会員によって構成される各種委員会を通じて活動している。地方組織としては，関西支部，中部支部を設けており，地域活動も積極的に行っている。

　JAA の WEB サイトは以下のとおりである：

https://arbitrators.jp/about/committee

第2講

仲裁合意

　第2講では，仲裁手続の根拠，前提条件となる仲裁合意を取り上げて，仲裁合意の成立とその方式，効力の問題解決において適用される法である仲裁合意の準拠法，仲裁合意の消極的効力である仲裁合意の妨訴抗弁，どのような紛争が仲裁で解決することができるのか仲裁適格について取り上げて検討する。

Ⅰ．仲裁合意

仲裁合意は仲裁のすべての基礎であり，根拠となる。仲裁合意は，当事者間の紛争を国家裁判機関によらないで，仲裁で解決するという当事者の意思を表明した合意である。

有効に成立した仲裁合意は次のような機能を有する。

① 当事者間の紛争を仲裁に付託する当事者合意の証拠となる。

② 仲裁人の仲裁権限の根拠となる。

③ 裁判所の管轄権を超えて仲裁廷の管轄権を創設する。

④ 仲裁合意は当事者間の裁判管轄権の排除の合意であり，仲裁合意の一方の当事者が仲裁合意の範囲にある紛争を裁判所に提訴した場合は，他方当事者の抗弁によりその訴えを却下または停止する仲裁合意の抗弁の効果がある。

日本仲裁法の定義では，「この法律において『仲裁合意』とは，既に生じた民事上の紛争又は将来において生ずる一定の法律関係（契約に基づくものであるかどうかを問わない。）に関する民事上の紛争の全部又は一部の解決を一人又は二人以上の仲裁人にゆだね，かつ，その判断（以下，「仲裁判断」という。）に服する旨の合意をいう。」としている（同2条1項）。

UNCITRAL 国際商事仲裁モデル法（モデル法）の定義では，「仲裁合意とは，契約に基づくか否かを問わず，一定の法律関係につき，当事者間で既に生じたか又は生じうるべき，すべての又はある種の紛争を仲裁に付託する旨の当事者の合意をいう。仲裁合意は，契約中の仲裁条項又は別個の合意のいずれの形によってもすることができる。」としている（同7条1項）。

仲裁合意の形態は，①当事者間で既に発生している紛争を仲裁に付託する合意である仲裁付託合意（submission），②将来発生するかもしれない紛争を仲裁で解決する旨の合意がある仲裁条項（arbitration clause）がある。

国際商事仲裁では，仲裁合意の成立，効力を巡って仲裁廷の管轄権（仲裁権

限）の有無が当事者間で争われることがある。また，仲裁判断の取消訴訟，仲裁判断の承認，執行における執行拒絶事由，仲裁条項の妨訴抗弁で争われることも少なからずある。第 2 講では仲裁合意に関連する問題として，①仲裁合意の成立とその方式，②仲裁合意の独立性と分離性，③仲裁合意の準拠法，④仲裁合意の効力と妨訴抗弁，⑤仲裁適格を取り上げる。

II．仲裁合意の成立とその方式

仲裁合意は，当事者間の紛争を仲裁によって解決する契約であり，当事者間の合意によって成立する。仲裁の対象となる紛争は仲裁で解決できる紛争でなければならない。その合意の形態に仲裁付託合意と仲裁条項がある。契約の成立には，特別の方式は要求されていない。仲裁合意の成立は書面による場合に限らず，口頭による場合もある。

国際商事仲裁では，条約，モデル法，国内仲裁法により，書面性を要件とする仲裁法もあれば，書面性の要件を緩和化，ないしは撤廃してより広い範囲の方式を認めている仲裁法もある。

1．仲裁合意の書面性要件

ニューヨーク条約では仲裁合意は書面性を要件とする。ニューヨーク条約 2 条 1 項は，「各締約国は，契約に基づくものであるかどうかを問わず，仲裁による解決が可能である事項に関する一定の法律関係につき，当事者の間に生じているか，又は生ずることのある紛争の全部又は一部を仲裁に付託することを当事者が約した書面による合意を承認するものとする。」としている。

日本では，改正前の仲裁法 13 条で，①当事者の全部が署名した文書，例えば，契約書に規定される仲裁条項，②当事者が交換した書簡又は電報，ファクシミリなどによる合意，③ E-mail 等による電磁的記録による合意文面，④書面による契約において仲裁条項にある文書を契約の一部として引用している場合，⑤仲裁手続において当事者双方の主張書面の一方に仲裁合意の存在が記載され，他方にその存在を争う旨の記載がない場合等とされていた。

改正前の 1985 年モデル法では，仲裁合意は，書面によらなければならないとしている（モデル法 7 条 2 項）。

2. 書面性要件から書面性緩和へ

最近では，仲裁合意の書面性要件を緩和する傾向にある。改正モデル法（2006 年版）では書面性要件を緩和している。

改正モデル法 7 条はオプション 1（書面性緩和）とオプション 2（書面性撤廃）の選択規定が設けられている。オプション 1 の 7 条 3 項では，「仲裁合意は，その内容が何らかの方式で記録されているときは，仲裁合意又は契約が口頭，行為又はその他の方法により締結されたとしても，書面によるものとする。」としている。また，オプション 2 の 7 条では，「仲裁合意とは，契約によるか否かを問わず，一定の法律関係に関し，当事者間で既に生じたか又は生じうるすべての又は特定の紛争を仲裁に付託する旨の当事者間の合意をいう。」としている。

書面性要件を緩和化ないしは撤廃している国家法としては，シンガポール，香港，韓国，フランス他の仲裁法が挙げられる。日本は，2024 年 4 月 1 日に改正仲裁法が施行され，同法は改正モデル法 7 条のオプション 1 を採用して仲裁合意の書面性緩和がみられる[1]。

III. 仲裁合意の独立性（autonomy/independence）と分離性（separability）

仲裁付託合意は，独立性，分離性の問題は生じない。仲裁付託合意は既に発

---

1 改正仲裁法 13 条 6 頁では，次の規律を設けている。
「書面によらないでされた契約において，仲裁合意を内容とする条項が記載され，又は記録された文書又は電磁的記録が当該契約の一部を構成するものとして引用されているときは，その仲裁合意は，書面によってされたものとみなす。」
口頭合意による仲裁合意の成立が Zoom や Teams 等による Web 会議の画録，電話会議の録音などが残されている場合も含まれることになる。

生している紛争を仲裁に付託する合意である。例えば，当事者間の取引契約から発生する紛争の場合，仲裁付託合意は当該取引契約と関係はするが，当該契約からまた関連して発生した紛争を特定して仲裁で解決するということだけに限定されており，かつ当該契約書とは異なる別個独立した仲裁付託合意書が作成される。したがって，仲裁付託合意は当該契約とは異なる独立，分離した合意であることは明白である。

仲裁合意の独立性，分離性で問題となるのは主たる契約，又は主たる契約に付随する書面に挿入される仲裁条項である。仲裁条項は紛争が発生する前に，将来発生する紛争を仲裁で解決する合意である。例えば，主たる契約が無効，不法である場合，また主たる契約が終了した場合，そのような契約に挿入されている仲裁条項はどのような扱いをうけるかが問題となる。仲裁合意の独立性，分離性とは，主たる契約が無効，不法であっても，また，契約が終了しても，仲裁合意は主たる契約から独立，かつ分離して，そのような争いを含み主たる契約から発生する紛争はかかる仲裁合意に基づき仲裁により最終的に解決できる原則をいう。仲裁合意の独立・分離性は仲裁合意の準拠法にも関係してくる。

日本仲裁法13条（仲裁合意の効力等）6項では，「仲裁合意を含む一の契約において，仲裁合意以外の契約条項が無効，取消しその他の事由により効力を有しないものとされる場合においても，仲裁合意は，当然には，その効力を妨げられない。」としている。

モデル法16条1項では，「仲裁廷は，仲裁合意の存在又は効力に関する意義を含む自己の管轄に関して決定する権限を有する。この場合，契約の一部を構成する仲裁条項は，契約の他の条項から独立した合意として扱われる。契約を無効とする仲裁廷の決定は，法律上当然に仲裁条項を無効とするものではない。」としている。

仲裁条項の独立性，分離性に関して1つ事例を挙げる。ライセンス契約から発生するロイヤルティの計算，支払を巡る紛争で，当該ライセンス契約を解除して，東京地方裁判所に提訴した紛争について，被告となる当事者から仲裁条項の妨訴抗弁が提起され，契約書中の仲裁条項の当該契約書からの分離，独立

性を巡り仲裁条項の有効性が争われた。判決では，仲裁法 13 条 6 項が引用され，「仲裁合意を含む一の契約において，仲裁合意以外の契約条項が無効，取消しその他の事由により効力を有しないものとされる場合においても，仲裁合意は，当然には，その効力を妨げられない。」として，妨訴抗弁を認めて，当該訴訟が却下されている（東京地判平成 17.10.21 判時 1926 号 127 頁）。

IV. 仲裁合意の準拠法

　国際商事仲裁では，仲裁合意の成立，効力を巡って仲裁廷の管轄権の有無が当事者間で争われることが少なからずある。仲裁廷は，当事者から仲裁合意の成立，効力の問題で仲裁廷の管轄権に異議が申し立てられた場合は，仲裁廷は，それらに関する主張についての判断その他自己の仲裁権限の有無についての判断を示すことができる（仲裁法 23 条）。

　仲裁合意の成立，効力は仲裁判断の取消原因であり，仲裁判断の承認，執行における執行拒絶事由でもある。また，一方当事者が訴訟を提起し，他方当事者が妨訴抗弁を主張した場合にも仲裁合意の成立，効力が問題となる。

　国際取引契約では，紛争解決関係条項として，仲裁合意（仲裁条項）と契約の準拠法が規定されることが多い。仲裁合意の成立，効力の問題は適用される法によりその解釈は異なってくる。仲裁合意の成立，効力の問題は，仲裁合意の成立，効力について適用される法である仲裁合意の準拠法の決定に基づき判断される。したがって，仲裁合意の準拠法の決定について理解することがきわめて重要になる。

　仲裁合意の準拠法は，①第一義的には当事者が明示的に選択した法があるか否かが探られる。仲裁合意の準拠法の指定がある場合は当該法によることになる。②当事者の明示的選択が明らかでない場合には，第二義的に当事者の黙示的に選択された法を探る。黙示的選択としては，仲裁地の法を当事者による仲裁合意の準拠法の黙示的選択と解する説と，主たる契約の準拠法を仲裁合意の黙示的選択とする説がある。

　代表的な判例として，日本のリング・リング・サーカス事件（最判平成 9 年

9 月 4 日民集 51 巻 8 号 3657 頁）とイギリスの Enka 判決（連合王国最高裁判所 2020 年 10 月 9 日　判　決，Enka Insaat Ve Sanayi As v 000Insurance Company chubb, 2020, UKSC 38.）が参考になる[2]。

　仲裁合意の準拠法の明示的選択の実務的方法としては，主たる契約に挿入される仲裁条項に仲裁合意の準拠法を明記する方法がある。具体的には仲裁条項の追加規定として次のように規定する。

　"The law of this arbitration clause shall be the law of ＿＿＿＿＿."。

　最近では仲裁合意の準拠法を定めた仲裁条項を見かけることがある。香港国際仲裁センター（HKIAC）のスタンダード条項の追加合意規定に仲裁合意準拠法の規定欄が設けられている。

　仲裁合意の準拠法の明示的選択が明らかでない場合は，上述のように，当事者による黙示の選択として，仲裁地の指定を仲裁合意の準拠法として，また主たる契約の準拠法が仲裁合意の準拠法として解される場合があり個々のケースによってその解釈は異なる。

　実務上は，当事者が主たる契約の準拠法を指定していない場合は，仲裁地の法が仲裁合意の準拠法となる可能性が高い。仲裁地の指定がなく，当事者が主たる契約の準拠法を指定している場合は，主たる契約の準拠法が仲裁合意の準拠法の選択として認められると解される可能性が高い。仲裁条項の仲裁地と主たる契約の準拠法が一致しない場合には，仲裁合意の準拠法の判断が不確実になる。そのような場合の仲裁条項の起案における対応としては，仲裁合意の準拠法を明記することが望ましい。

2　高杉直「仲裁合意の準拠法・再論」『JCA ジャーナル』68 巻 1 号（2021 年 1 月）。

Ⅴ. 仲裁合意の効力，妨訴抗弁

1. 仲裁合意の妨訴抗弁とは

　仲裁は，有効な仲裁合意の存在が前提条件となる。仲裁合意は，当事者間の紛争を裁判によらないで，仲裁で解決する旨の合意である。例えば，「本契約から，または関連して発生する本契約当事者間の紛争は……日本において，日本商事仲裁協会の商事仲裁規則に従い最終的に仲裁により解決される。」とする仲裁条項が契約書に挿入されているのにもかかわらず，これに反して，当該契約から発生した紛争に関して，一方当事者が裁判所に訴えを提起した場合，被告となる他方当事者は，仲裁合意の存在の抗弁を主張して，訴えの不適法却下を求めることができる。これを仲裁合意の存在の抗弁，いわゆる妨訴抗弁という。この場合，有効な仲裁合意が存在すれば，訴えの利益がなくなるものと解され，訴えは却下される。

　仲裁合意の妨訴抗弁は，仲裁法，モデル法，ニューヨーク条約により明文規定が設けられている。日本仲裁法 14 条では，「仲裁合意の対象となる民事上の紛争について訴えが提起されたときは，受訴裁判所は，被告の申立てにより，訴えを却下しなければならない。」としている。モデル法 8 条 1 項では，仲裁合意の対象である事項についての訴えの提起を受けた裁判所は，当事者の一方が本案に関する自己の最初の陳述より前にその旨を申し立てたならば，仲裁に付託すべき旨を当事者に命じなければならないとしている。また，ニューヨーク条約 2 条 3 項では，「当事者が本条にいう合意をした事項について訴えが提起されたときは，締約国の裁判所は，その合意が無効であるか，失効しているか，又は履行不能であると認める場合を除き，当事者の一方の請求により，仲裁に付託すべきことを当事者に命じなければならない。」としている。

　日本仲裁法では，「訴えを却下しなければならない。」としているが，モデル法，ニューヨーク条約では，「仲裁に付託すべきことを当事者に命じなければならない。」としており微妙に異なる。米連邦仲裁法では，「訴えの却下」では

なく，「訴訟手続の停止」としている。米連邦仲裁法3条は，「書面による契約により仲裁に付託すべきものとされる係争につき，訴訟がいずれかの連邦裁判所に提起されたときは，当該訴訟が係属する裁判所は，当該訴訟に係る係争が，上記契約により仲裁に付託すべきものであると認めた場合，当事者の一方の申請があれば，上記契約の定めに従い仲裁が行われるまで，訴訟手続を停止しなければならない。ただし，その停止の申請をした仲裁手続に参加していないときは，このかぎりではない。」としている。

2. 妨訴抗弁の主張

仲裁合意の存在に係る問題は，職権調査事項ではなく抗弁事項である。提訴された被告は，仲裁合意の存在の抗弁を主張することも，また，抗弁を放棄することもできる。被告が仲裁合意の存在の抗弁を適宜に主張しない場合は，仲裁合意の放棄として，訴訟手続が遂行されることになる。被告が仲裁合意の存在の抗弁を主張する場合，抗弁の提出時期は，原則として，訴えが提起された後，本案についての実質的な弁論が開始される以前とされる。しかし，抗弁を提出できる時期的制限は一様ではなく，国によっても異なる。日本においても，信義則に照らして相当とされるときは，本案について審理を開始した後でも，仲裁合意の抗弁を主張することはできるとする日本での裁判例がある（名古屋地判平5.1.26，判7859号251頁）。

VI. 仲裁適格

1. 仲裁適格とは

仲裁適格（arbitrability）とは，どのような類型，範囲の紛争が仲裁に付託し，解決することができるのか，又はできないのかという問題である。仲裁可能性ともいう。公序，公益に反する紛争，刑事紛争は仲裁適格がないとされる。仲裁で解決できる仲裁の対象となる紛争の類型，範囲は国ごとに異なる。

仲裁は私的自治による解決手段であり，当事者は合意によっていかなる紛争

も仲裁に付託することができることが原則であるが，各国の法は仲裁に付託し，解決できる事項を規制，制限をしており，仲裁適格の問題は各国の司法政策的判断によって最終的に決められる問題である。どのような類型，範囲の紛争が仲裁適格を認められるかについては国により異なっている。

　仲裁適格について，日本は和解可能性の有無を基準として比較的狭い範囲の紛争を対象としている。日本仲裁法13条１項は，「仲裁合意は，法令に別段の定めがある場合を除き，当事者が和解することができる民事上の紛争（離婚又は離縁の紛争を除く。）を対象とする場合に限り，その効力を有する。」としている。仲裁により解決できる紛争は，和解可能性を基準としており，和解可能性のない民事上の紛争を対象とする仲裁合意は無効とされる。離婚及び離縁の紛争については，仲裁合意の対象から除外されている。また，個別労働関係紛争を対象とする仲裁合意は無効である（仲裁法附則４条）。消費者と事業者との間に成立した仲裁合意については，消費者は仲裁合意を解除することができる（仲裁法附則３条２項）。一方，アメリカ，スイス等では，和解可能性の有無を基準としないで，公序，公益に反する争いを除き，より広い範囲の紛争を対象としている。

　国際商事仲裁において仲裁適格が問題となるビジネス上の紛争としては，①特許有効性を巡る紛争，②独占禁止法上の違反による紛争，③会社法上の会社関係の紛争，④証券取引法違反の紛争などが挙げられるが，これらの類型の紛争の仲裁適格の有無については国により異なる。

　例えば，特許有効性を巡る紛争について，日本では，特許権の付与は行政機関である特許庁の行政処分によるものである。特許権に無効原因があるときは専門技術官庁である特許庁に第一次的判断を委ねており，審決に不服がある当事者は知的財産高等裁判所に審決取消訴訟を提起することができる。したがって，行政機関である特許庁が第一次的判断権を有しており，裁判所は第一次的判断権を有しておらず，特許権侵害訴訟において裁判所は特許無効の判断ができないとされることから，仲裁適格を否定する説が有力であった。

　しかし，キルビー事件最高裁判決[3]で，特許に無効理由が存在することが明らかであるときは，特許権侵害の主張は権利の濫用にあたり許されないとし

て，裁判所は特許無効の主張を判断することができるとされた。その後，この判決を受けて特許法 104 条の 3 に明文規定が設けられ，「特許権又は専用実施権の侵害に係る訴訟において，当該特許が特許無効審判により又は当該特許権の存続期間の延長登録が延長登録無効審判により無効にされるべきものと認められるときは，特許権者又は専用実施権者は，相手方に対しその権利を行使することができない。」と定められ，裁判所が特許の有効性につき判断ができることが明らかになった。

仲裁廷の権限は裁判所の権限と同等と考えられるが，近年では，特許権侵害，特許有効性を巡る紛争の仲裁適格を肯定する説が有力視されている。アメリカでは，連邦特許法 294 条に任意仲裁規定が設けられており，特許権侵害，特許有効性の争いは，当事者間において仲裁適格を認めている[4]。独禁法上の当事者間の争いについては，日本では否定的であるとされるが，アメリカ，EU では国際的独禁法上の当事者間の争いについては仲裁適格を認めている[5]。

2. 仲裁適格の判断基準

国際商事仲裁では，仲裁適格が問題とされる局面は複数ある。仲裁適格のない紛争についてなされた仲裁判断は取消原因となる。日本仲裁法 44 条 7 項では，取消事由として，仲裁手続における申立てが，日本の法令によれば，仲裁合意の対象とすることができない紛争に関するものであることとしている。モデル法 34 条では，「紛争の対象事項がこの国の法の下では仲裁による解決が不可能であること。」（同Ⅳ（b）（i））として取消事由に挙げている。

外国仲裁判断の承認及び執行の局面において，ニューヨーク条約 5 条 2 項（a）では，「紛争の対象である事項がその国の法令により仲裁による解決が不

---

3 最判平成 12 年 4 月 1 日民集 54 巻 4 号 1386 頁。
4 米連邦特許法 294 条（a）（任意仲裁）「特許権又は特許権に基づくすべての権利を内容とする契約は，契約に基づき生ずる特許の有効性又は侵害に関連する紛争が現に存在する当事者は当該紛争を仲裁で解決できる。」
5 独禁法の係争についての仲裁適格を認めた米最高裁判決として，Mitsubishi Motor Corp. v. Soler Chrysler Plymouth Inc., 473 US614, 105s. ct. 3346, 1985.

可能なものであること」としている。

　仲裁判断以前の局面においても，裁判所に妨訴抗弁が提起された場合，仲裁の対象となる紛争の仲裁適格が問題となる。また，仲裁廷の管轄権を巡る争いにおいても仲裁適格が問題となることもある。

　仲裁適格の判断基準は各局面により異なり一様ではなく，①仲裁適格の判断基準を仲裁合意の準拠法の国に求めるのか，②実体法の準拠法の国に求めるのか，③仲裁地の準拠法の国に求めるのか，④法廷地の法によりその判断を求めるのか，⑤また他の根拠を求めるのか，いずれの基準によって判断すればよいのかが問題となる。

　以上に仲裁適格の判断基準を一応挙げたが，①，②の仲裁合意の準拠法や実体法の準拠法を仲裁適格の判断基準に求めることには問題があると思われる。実際的には，裁判所において仲裁適格が問題となっている場合は，法廷地である自国の法に従って決定されると考えられる。仲裁廷が下す仲裁判断に仲裁適格の判断を求められている場合は，仲裁適格の判断基準については，仲裁判断の取消しを考慮すると，仲裁判断取消の管轄裁判所は仲裁地の裁判所でもあり，仲裁地の国の法に従って決定することが適切ではないかと思われる。

■ Column 2

特許有効性を巡る争いの仲裁適格の諸外国の傾向

　特許有効性を巡る争いの仲裁適格問題については最近のトピックスとなっているが，諸外国においても，特許有効性を巡る仲裁適格を承認する傾向にある。

　アメリカでは，連邦特許法294条：任意仲裁（USC294: Voluntary Arbitration）では，①特許を含む契約，そこから生じる特許の有効性ないし侵害に関する紛争を仲裁に付する旨の仲裁条項，及び仲裁付託合意の2種類の仲裁合意を有効としている。②そのもとでなされた仲裁判断は当事者間では，最終であり，拘束力がある。しかし第三者にはその効力の影響を及ぼさない，③仲裁判断で効力が判断された特許につきその後裁判所が異なる判断をした場

合には当事者の申立てによって裁判所が仲裁判断を変更することができる旨を
あらかじめ合意しておくことができること，④仲裁判断がなされたときは特許
商標庁長官に通知がなされねばならず，仲裁判断はその通知を特許商標庁長官
が受領することで強制力を持つことになること等の規定を設けている。

　スイスでは，国際仲裁については国際私法に関する法律（PILA）第12章に
よって規律されている。PILA 177条1項（仲裁適格）では，「経済的利益に
関するあらゆる請求について，仲裁に付託することができる。」と定めている。
仲裁に付託される紛争は，経済的利益に関するあらゆる請求（あらゆる財産権
上の請求）が仲裁適格を有するとして，仲裁で解決できる紛争を広範に受け入
れている。知的財産権に関しては，登録された知的財産権の有効性を含め仲裁
適格を有するとされる。

　香港では，知財仲裁の合法性が法律で明示的に認められている。2017年の
「仲裁条例」の改正により，Part 11A に「知的財産権関連仲裁（Arbitrations
Relating to Intellectual Property Rights）」という章が新しく設けられた。
同章は，すべての知財紛争が仲裁可能であることを確認し，知財紛争の仲裁判
断が香港で執行することは公序に反しないことを明示的に定めている。

　シンガポールでは，知財紛争の仲裁適格に関する問題は明確ではなく，商標
と特許の有効，無効の紛争の仲裁適格については否定的であった。しかし，
2019年，シンガポールは香港に追随して，国際仲裁法2019年改正では，
Part II A "ARBITRATIONS RELATING TO INTELLECTUAL PROPERTY
RIGHTS"（26A～26G）が追加され，知財紛争の仲裁適格を認める明文規定
を定めている。

Column 3

WIPO 仲裁・調停センター

　国連の関係機関である世界知的所有権機関（World Intellectual Property
Organization：WIPO）は，知財専門の国際機関として知財仲裁，知財調停を
実施している。事務局はスイスのジュネーブとシンガポールにあり，国境を越

えて発生する商事紛争を，当事者が調停や仲裁などの裁判外紛争解決手続（ADR）によって円滑に解決するための手続を提供している。同センターでは，主に特許，商標，情報通信技術，著作権等の多くの知財紛争事件が取り扱われている。その内訳は，特許関係事件が25％，情報通信技術関係事件が22％，商標関係事件が20％，商事関係事件が17％，著作権関係事件が17％である※。

WIPO の推奨仲裁条項を以下に示す。

Any dispute, controversy or claim arising under, out of or relating to this contract and any subsequent amendments of this contract, including, without limitation, its formation, validity, binding effect, interpretation, performance, breach or termination, as well as non-contractual claims, shall be referred to and finally determined by arbitration in accordance with the WIPO Arbitration Rules. The arbitral tribunal shall consist of [a sole arbitrator] [three arbitrators]. The place of arbitration shall be [specify place]. The language to be used in the arbitral proceedings shall be [specify language]. The dispute, controversy or claim shall be decided in accordance with the law of [specify jurisdiction].

※ 2021 年 WIPO 仲裁ガイドブックより。

第3講

仲裁条項の
ドラフティング

　仲裁合意の形態には仲裁付託合意と仲裁条項があるが，通常は，契約書に仲裁条項が規定される。不適切な欠陥のある仲裁条項は，その有効性を巡って争われるリスクがある。

　第3講では，不適切，欠陥仲裁条項が原因で争われる局面を紹介し，適切，有効な仲裁条項のドラフティングについて検討する。

Ⅰ．仲裁条項のリスク

　仲裁合意（仲裁条項）は仲裁の要である。当事者が仲裁を行うためには当事者の仲裁に付託する意思を表明する，明確，適切，かつ有効な仲裁条項の存在が要件となる。しかし，国際契約交渉ではビジネス条項である主要条項を中心に交渉が行われ，仲裁条項の起案，交渉は後回しにされ，軽視されがちであり，不明瞭，不適切，有効でない仲裁条項が契約書に挿入されることが少なからずある。不明瞭，不適切な欠陥，つまり不備のある仲裁条項は，その有効性が争われるリスクがある。また，手続遅延の原因になる。

　不備のある仲裁条項から仲裁条項の成否，有効性が争われるリスクを以下に挙げる。

① 仲裁合意の事項について裁判所に訴えを提起されたときは，被告が仲裁条項の妨訴抗弁を請求することがあるが，不備のある仲裁条項が当事者間で争われ，その有効性，執行力，履行可能性が審査されるリスクがある。

② 不備のある仲裁条項を理由に，仲裁条項の無効の確認を求めて裁判所に提起されるリスクがある。

③ 仲裁条項の不備が原因で，仲裁機関への仲裁申立ての際に，仲裁機関から仲裁申立ての不受理を招くリスクがある。

④ 仲裁手続の早期の段階において，仲裁合意の成否又は効力に関して仲裁廷の管轄権の異議が仲裁廷に請求されるリスクがある。

⑤ 仲裁判断の取消手続において，仲裁条項の不備が取消原因となるリスクがある。

⑥ 仲裁判断の承認，執行手続において，仲裁条項の不備が承認，執行の拒絶原因となるリスクがある。

Ⅱ．不備のある仲裁条項

　仲裁条項の記載上の色々な落とし穴がある。以下に不適切，不正確な仲裁条項の一例を紹介する。

1．仲裁と訴訟を併記する選択的紛争解決条項

　仲裁条項は当事者間の裁判権排除合意であるので，仲裁と訴訟を併記した選択的紛争解決条項は，仲裁条項の有効性が争われ，無効とされるおそれがある。例えば，以下に示す仲裁条項と裁判管轄条項を併記する条項，また，裁判管轄条項に加えて一方当事者のみが仲裁に付託することができる（may submit to arbitration）条項等は仲裁条項の有効性が争われるリスクがある。

　"Any disputes arising out of or in relation to this contract which cannot be settled by negotiation may be submitted to arbitration…………or to litigation …………"

2．仲裁機関の名称が不正確，不明瞭な仲裁条項

　仲裁機関の記載が不適切，不正確，不明瞭なために，仲裁条項の効力，成否が争われるおそれがある。また，仲裁機関の仲裁申立不受理を招くおそれがある。下記の "International commercial arbitration institutions" という名称の仲裁機関は存在しない。問題のある条項として，例えば，次のようなものがある。

　"Any disputes arising out of or in connection with the contract shall be submitted to arbitration by international commercial arbitration institutions …………"

3．仲裁機関の標準条項の不適切な追加規定

　仲裁機関の標準仲裁条項に追加規定として不適切な条項を追記していると，仲裁機関から申立受理を拒否されるおそれがある。例えば，「仲裁人」

"arbitrator" を仲裁機関の仲裁規則には規定のない，また，仲裁人の合議による決議の趣旨に反する「審判人」"umpire" に修正した仲裁条項に基づく仲裁申立てが仲裁機関により，申立ての受理が拒否されることがある。問題のある条項として，例えば，次のようなものがある。

"Any disputes arising out of or in connection with the contract shall be finally settled by arbitration in London under the arbitration rules of International Chamber of Commerce. The decision of the umpire shall be final and binding on the parties."

4. 仲裁法の強行規定を拡大修正する仲裁条項

米連邦仲裁法（FAA），日本の仲裁法等では，仲裁判断に不服があっても上訴は認められない。仲裁機関の推奨する仲裁条項に，米裁判所による仲裁判断の司法審査が追記されていたため，仲裁判断後に，その追加条項の有効性を巡って裁判所で無用な争いが展開されることがある。問題のある条項として，例えば，次のようなものがある。

"…………The arbitrators shall issue written award which shall state the basis of the award and include detailed findings of fact and conclusions of law. The United District Court for the Northern District of California may enter judgment upon any award, either by confirming the award or by vacating, modifying or correcting the award. The court shall vacate, modify or correct any award: (i) based on any of the grounds referred to in the Federal Arbitration Act, (ii) where the arbitrator's findings of fact are not supported by substantial evidence, or (iii) where the arbitrator's conclusions of law are erroneous."

III. 仲裁条項の基本的要素

有効な仲裁条項の基本的要素としては，①仲裁の合意，②仲裁に付託する紛争の範囲，③仲裁判断の最終性を挙げることができる。

1．仲裁の合意

　仲裁合意は当事者間の紛争を裁判によらないで仲裁に付託して解決する当事者の意図を明示的に示す必要がある。仲裁と裁判を選択できるような条項規定は仲裁合意の有効性，執行性に問題が残り，場合により無効条項とされるおそれがある。

2．仲裁に付託する紛争

　仲裁合意では，仲裁に付託する紛争を特定する必要がある。仲裁に付託される紛争範囲はできる限り広範に合意しておくことが望まれる。仲裁合意の範囲を超える紛争の仲裁判断は取消し，執行拒絶の理由となる。

3．仲裁判断の最終性

　仲裁判断の最終性については多くの国の仲裁法に規定が置かれているが，「仲裁により最終的に解決される」，または，「仲裁判断は最終であり当事者を拘束する」旨の合意規定を設けておくことが望まれる。

Ⅳ．仲裁条項の実践的ドラフティング

1．仲裁条項の起案の留意事項

　不備のある仲裁条項の起案を避けるためには，以下に紹介する仲裁条項起案の留意事項を念頭に置いて仲裁条項を起案することが望まれる。
① 裁判（裁判管轄条項）と仲裁（仲裁条項）を併記しない。
② 仲裁条項は書き過ぎない。書き過ぎによるリスクがある。
　　仲裁条項はできる限り，単純，簡潔に規定する（keep it simple stupid）。
③ 仲裁の種類には機関仲裁とアドホック仲裁があるが，できる限り機関仲裁を選択すべきである。
④ 機関仲裁を選択して，選択する仲裁機関が推奨する標準仲裁条項

（model arbitration clause）を利用すべきである。

⑤　標準仲裁条項の追加規定は必要な内容を簡潔，明確，具体的に規定する。

2．仲裁条項の起案の仕方―機関仲裁を中心に

　機関仲裁の仲裁条項起案における基本的事項として，仲裁に付託する紛争の範囲，仲裁地，仲裁機関と仲裁規則が挙げられる。仲裁条項の起案者は，これら基本的事項を認識，留意しておくべきである。

(1) 仲裁に付託する紛争範囲の特定

　仲裁条項の起案において，当事者間で合意された仲裁に付託される紛争の範囲の特定が大切である。記載の仕方により，対象となる紛争の範囲が異なってくる。

① 　狭い範囲の紛争の特定の仕方

　例　え　ば，"All disputes, controversies or differences which may arise between the parties from this contract…………"（本契約から当事者間に生ずることがあるすべての紛争，論争，意見の相違は……）や，"All disputes, controversies or differences which may arise between the parties out of this contract"（本契約から当事者間に生ずることがあるすべての紛争，論争，意見の相違は……）と記載した場合，"arise from" や "arise out of" の表現は，「契約から発生する」紛争と解され，仲裁の対象となる紛争の範囲が狭く解釈される。例えば，契約の存否，不法行為，契約終了後の争いが仲裁の対象になるか否かが問題となる。

② 　広い範囲の紛争の特定の仕方

　仲裁の対象となる紛争の範囲を広くするためには，"in relation to……" や，"in connection with……"（関連して）とする必要があり，その表現を用いることによって，契約の存否，不法行為，契約の終了に関連して発生する争いが仲裁対象の範囲に含まれることになる。例えば，次のようなものである。

"All disputes, controversies or differences which may arise between the parties hereto, out of or in relation to or in connection with this contract …………"

(2) 仲裁地の特定

① 仲裁地 (place/seat) と仲裁審理場所 (venue) の認識

仲裁地は当事者が合意によって定めることができる。仲裁条項の起案では仲裁地について明確に合意しておくことは大切である。仲裁地は審理場所を意味するだけでなく法的な意味を含む。仲裁手続に適用される仲裁手続法は仲裁地の仲裁法となる。法的な意味を含む仲裁地 (place 又は seat) と仲裁審理場所 (venue) の相違を認識する必要がある。

(ⅰ) 法的な意味を含む仲裁地 (place/seat)

仲裁地 (place/seat) は仲裁事件の審理場所に加えて法的な意味を含む。仲裁手続に適用される仲裁手続法は仲裁地の仲裁法 (lex arbitri) である。例えば日本を仲裁地とした仲裁手続法は日本仲裁法となる。日本仲裁法1条は「仲裁地が日本国内にある仲裁手続及び仲裁手続に関して裁判所が行う手続については、他の法令に定めるもののほか、この法律の定めるところによる。」としている。

仲裁判断書には仲裁地が記載され、仲裁判断は仲裁地でされたものとみなされる。同法39条4項は「仲裁判断は、仲裁地においてされたものとみなす。」としている。

仲裁地は様々な手続上の局面で重要な意味を含む。例えば、仲裁条項の成否、効力、また仲裁適格性は仲裁地の仲裁法に基づき判断される。また、仲裁判断の取消手続の管轄裁判所は仲裁地の裁判所である。

(ⅱ) 審理場所等の物理的な場所 (venue)

仲裁事件の審理を行う場所は必ずしも仲裁地で行う必要はない。仲裁地は必ずしも審理手続を行う場所を特定するのではなく、仲裁地以外の場所でも審理

を進めることができる。また，電話会議，テレビ会議，オンラインシステムの利用も可能である。

　日本仲裁法28条3項は「仲裁廷は，当事者間に別段の合意がない限り，前2項の規定による仲裁地にかかわらず，適当と認めるいかなる場所においても，次に掲げる手続を行うことができる。①合議体である仲裁廷の評議，②当事者，鑑定人又は第三者の陳述の聴取，③物又は文書の見分。」としている。

② 　仲裁地の選択基準

　仲裁地を選択する場合，仲裁地をどこにするか，また，どこの仲裁地が好ましいか，仲裁地の選択基準を検討する必要がある。

　仲裁地を選択する場合に検討すべき項目を以下に挙げる。

① UNCITRAL モデル法（2006年改正）採用の近代的仲裁法が整備されているか。
② ニューヨーク条約加盟国か。
③ 法域としての透明性，中立性が確保されているか。行政，司法の不当介入等がないか。
④ 仲裁関係の判例，実績（仲裁判断の承認，執行，取消し，妨訴抗弁，他）が仲裁に友好的（arbitration friendly）か。
⑤ 緊急仲裁人，及び仲裁廷による暫定保全措置命令の執行が可能か。
⑥ 信頼性，経験のある仲裁機関が整備されているか。
⑦ 仲裁人，代理人のリソースが豊富で，その獲得が容易であるか。
⑧ 言語的多様性，文化的多様性があるか。
⑨ 地理的便宜性，インフラ整備がされているか。

　以上の基準を満たす仲裁地は，「好ましい仲裁地」（recommendable place of arbitration）といわれ，仲裁地としてよく当事者に選択されている。

（3）　仲裁地の特定の仕方

　仲裁地の特定においては，仲裁手続に適用される法の根拠となること，ま

た，仲裁判断の取消申立ての管轄裁判所は仲裁地の裁判所であることに留意しておく必要がある。

仲裁条項の起案において，どこを仲裁地とするかは，一般的に，①自国地，②相手国地，③第三国地が挙げられる。

① 自国地

仲裁条項の交渉において，当事者は，仲裁地を自国地とすることを希望することが多い。自国地を仲裁地とすることで，実際に仲裁が行われる場合に，地理的便宜性，仲裁人，代理人の確保の容易性等の利点が挙げられる。また，仲裁手続に関する法律の検討において，情報収集が容易となる利点が挙げられる。

② 相手国地

仲裁地を相手国とすることは，実際に仲裁が行われる場合に，相手国にまで出向いて戦わなければならず，地理的不便性，仲裁人，代理人確保が困難となる。また，仲裁手続に関する法律の情報収集が困難であること等が挙げられる。

③ 第三国地

仲裁条項の交渉において，当事者双方が自国地を主張して，交渉がまとまりにくい場合，また，相手当事者国が，仲裁制度の後進性の国の場合，また，双方当事者にとり公平性の観点から，第三国地を仲裁地とすることがある。例えば，インド企業との契約に規定される仲裁条項の仲裁地の多くは，第三国地として，シンガポールが選択されている。

第三国地でよく利用される仲裁地としては，チューリッヒ，ジュネーブ，パリ，ロンドン，ニューヨーク，ストックホルム，シンガポール，香港などが挙げられる。

これらの仲裁地は，仲裁地選択基準を満たす，「好ましい仲裁地」でもある。

（4）仲裁機関，仲裁規則の特定

　機関仲裁を採用する場合，いずれの仲裁機関を選択すべきかが問題となる。仲裁機関には，複数の仲裁規則を備えている機関もある。例えば，機関の仲裁規則の他に，UNCITRAL 仲裁規則による仲裁の管理手続に関する規則を備えている機関は多い。そのような仲裁機関を選択する場合には，仲裁規則をいずれの仲裁規則を採用するかの選択の余地がある。

　世界には数多くの常設の仲裁機関があり，国際商事仲裁を取り扱っている。当事者にとりいずれの仲裁機関を選択するかは重要な問題である。各仲裁機関の性格，国際性，信頼性，国際商事仲裁の実績，仲裁手続の特徴，仲裁人の選択肢，仲裁費用等を検討することが大切である。また，利用する仲裁機関の仲裁規則に規定される仲裁申立て方法，使用言語，仲裁人の数，国籍，仲裁人の選任方法，仲裁人の忌避手続，暫定保全措置，仲裁審理手続，仲裁判断，仲裁費用について精査しておくべきである。

3. 標準仲裁条項の利用

　仲裁条項の起案は，できるだけ単純，簡潔にして，正確に規定することが求められる。単純，簡潔，正確な仲裁条項を起案するという観点から，機関仲裁では，各仲裁機関の標準仲裁条項を，アドホック仲裁では，主にアドホック仲裁に利用される UNCITRAL 仲裁規則の標準仲裁条項を利用することが賢明である。

（1）機関仲裁に利用される各仲裁機関の標準仲裁条項

　機関仲裁条項を起案する場合，まずは，いずれの仲裁機関を利用するかを取り決めて，その仲裁機関の名称を正確に記載することが大切である。例えば，"international arbitration association"（国際仲裁機関）のような表現をした場合，左記のような仲裁機関は存在しないので，仲裁を申し立てる段階で，仲裁機関の名称が，不明瞭，不正確であることから，仲裁機関に受理されない場合，また，仮に受理されても，当事者の一方から仲裁条項の効力，仲裁廷の管轄権の異議が仲裁廷に請求されることがあるので，仲裁機関の名称は正確に記

載し，誤りがないようにすることが大切である。機関仲裁条項の起案では，仲裁地，仲裁機関，仲裁規則を具体的かつ正確に規定することが大切であるが，各仲裁機関は推奨の標準仲裁条項を公表しているので，それらの仲裁条項を利用することができる。以下に，代表的な仲裁機関の標準仲裁条項を紹介する。

① 日本商事仲裁協会（JCAA）

"All disputes, controversies or differences arising out of or in connection with this contract, shall be finally settled by arbitration in accordance with the Commercial Arbitration Rules of the Japan Commercial Arbitration Association.

The place of the arbitration shall be [city and country]."

② 国際商業会議所（ICC）

"All disputes arising out of or in connection with the present contract shall be finally settled under the Rules of Arbitration of the International Chamber of Commerce by one or more arbitrators appointed in accordance with the said Rules."

③ ロンドン国際仲裁裁判所（LCIA）

"Any disputes arising out of or in connection with this contract, including any question regarding its existence, validity or termination, shall be referred to and finally resolved by arbitration under the LCIA Rules which Rules are deemed to be incorporated by reference into this clause.

The number of arbitrators shall be [one/three].

The place of arbitration shall be [City and or Country].

The language to be used in the arbitration proceedings shall be [ ].

The governing law of the contract shall be the substantive law of [ ]."

④ 米国仲裁協会（AAA）/ 国際紛争解決センター（ICDR）

"Any controversy or claim arising out of or relating to this contract, or the breach thereof, shall be determined by arbitration administered by the International Center for Dispute Resolution in accordance with its International Arbitration Rules."

⑤ シンガポール国際仲裁センター（SIAC）

"Any dispute arising out of or in connection with this contract, including any question regarding its existence, validity or termination, shall be referred to and finally resolved by arbitration administered by the Singapore International Arbitration Centre ("SIAC") in accordance with the Arbitration Rules of the Singapore International Arbitration Centre ("SIAC Rules") for the time being in force, which rules are deemed to be incorporated by reference in this clause.

The seat of the arbitration shall be [Singapore].

The Tribunal shall consist of _____ arbitrator(s).

The language of the arbitration shall be _____."

⑥ 香港国際仲裁センター（HKIAC）

"Any dispute, controversy, difference or claim arising out of or relating to this contract, including the existence, validity, interpretation, performance, breach or termination thereof or any dispute regarding non-contractual obligations arising out of or relating to it shall be referred to and finally resolved by arbitration administered by the Hong Kong International Arbitration Centre (HKIAC) under the HKIAC Administered Arbitration Rules in force when the Notice of Arbitration is submitted.

The law of this arbitration clause shall be … [Hong Kong law].

The seat of arbitration shall be … [Hong Kong].

The number of arbitrators shall be … [one or three].

The arbitration proceedings shall be conducted in ... [insert language]."

(2) アドホック仲裁に利用される UNCITRAL 仲裁条項

　アドホック仲裁条項を起案する場合，当事者が仲裁の手続を取り決めて進行させていくため，仲裁条項に詳細な仲裁手続が規定されることになる。国連国際商取引法委員会（UNCITRAL）では，国際商事仲裁の普及を目的として，アドホック仲裁に利用される統一的な標準のモデル仲裁規則を作成して公表している。UNCITRAL 仲裁規則を利用したアドホック仲裁を選択する場合には，以下のモデル仲裁条項を契約書等に規定すればよい。

"Any dispute, controversy or claim arising out of or relating to this contract, or the breach, termination or invalidity thereof, shall be settled by arbitration in accordance with the UNCITRAL Arbitration Rules."

*Note - Parties may wish to consider adding:

(a) The appointing authority shall be [name of institution or person].

(b) The number of arbitrators shall be [one or three].

(c) The place of arbitration shall be [town and country].

(d) The languages to be used in the arbitral proceedings shall be [ ].

4．標準仲裁条項の追加条件

　仲裁条項はできる限り簡潔に記載すべきであり，書けば書くほどに問題を含むリスクが高まる。そういう意味では，各仲裁機関の標準仲裁条項を契約書に規定することで十分である。しかし，ケースによっては標準仲裁条項の追加条件を検討することも効果的であり，各機関の標準仲裁条項に追加の条件が規定されることも少なからずある。

(1) 仲裁手続に使用される言語

　仲裁のメリットの1つに，仲裁に使用される言語は当事者合意によりフレキシブルに取り決めることができることがある。仲裁条項を起案するうえで，仲裁手続に使用される言語の指定は検討事項として大切である。追加条件とし

て，一般的に，共通言語として英語が指定されることが多い。例えば，以下のような規定となる。

"The language to be used in the arbitration proceedings shall be English language."

(2) 仲裁地

仲裁機関の推奨仲裁条項には，仲裁地が記載されている場合，記載欄がある場合，また，記載欄がない場合がある。仲裁地が当事者で合意されていない場合は，仲裁機関が決定する場合と仲裁廷が決定する場合がある。仲裁地は，仲裁手続を進めるうえで非常に重要なことであり，当事者間であらかじめ合意しておくべきである。例えば，以下のような規定である。

"The place of arbitration shall be [City/or Country]."

(3) 仲裁合意の準拠法

仲裁合意の成否，有効性の争いが発生した場合には，いずれの国，地域の法を適用してその問題を解釈するのか，仲裁合意の準拠法が問題となる。準拠法の決定においては，当事者の明示的意思が尊重され決定される。HKIAC の推奨仲裁条項には，追加条項欄に仲裁合意の準拠法の規定が設けられている。例えば，以下のような規定となる。

"The law of this arbitration clause shall be the law of ____."

(4) 仲裁人の数

仲裁人の数は当事者が取り決めることができる。当事者の合意がない場合は，仲裁人は1人もしくは3人選任される（ただし，多数当事者間仲裁の場合は3名以上の仲裁人が選任されることもある）。各仲裁機関の仲裁規則では，当事者合意のない場合に，仲裁人の数が1人の場合と3人の場合があるので，あらかじめ仲裁規則を検討しておくべきである。追加条件として，仲裁人の数をあらかじめ定めておくことは有効な合意でもある。

例えば，仲裁人を3人予定する場合は，以下のような規定となる。

"The number of arbitrator(s) shall be three."

(5) 仲裁人の国籍

国際商事仲裁においては，単独仲裁人，第三仲裁人の国籍が問題とされることがある。単独仲裁人が当事者と同一国籍の場合，また，3人仲裁の場合に，2名の仲裁人の国籍が同一の場合に仲裁判断に影響を与え，一方当事者に偏する懸念があるので，第三仲裁人は関係当事者の国籍とは異なる第三国籍が望ましいといわれる。例えば，ICC仲裁では，単独仲裁人又は仲裁人の長の国籍は当事者の国籍以外のものでなければならないとされる。他の仲裁機関の場合は必ずしも第三国籍の仲裁人とはならない。仲裁人の国籍は，一般的に，当事者合意によりあらかじめ取り決めることができる。追加条件として第三国籍仲裁人を指定する規定はケースによっては効果的である。例えば，以下のような規定となる。

"The third arbitrator shall not possess the same nationality of any party."

(6) 仲裁人の資格

仲裁人は，当事者から独立した，公正な仲裁人でなければならないが，職業的な資格は要求されない。当事者の合意によりいかなる職業の仲裁人も選任することが可能である。追加条件に仲裁人の職業，例えば，弁護士，公認会計士，他，また仲裁人としての経験を要求することもある。例えば，以下のような規定となる。

"Each arbitrator shall be legally qualified lawyer and experienced in international commercial arbitration."

(7) 仲裁の非公開，秘密性

仲裁の特徴の1つに秘密性が挙げられる。仲裁法（一部の仲裁法を除く）には秘密性の規定はされていない。仲裁規則にも秘密性の規定がない場合がある。採用する仲裁規則に秘密性の規定がない場合は，当事者合意による当事者の守秘義務規定が必要な場合がある。例えば，以下のような規定となる。

"The existence and content of the arbitral proceedings and any rulings or award shall be kept confidential by the parties and members of the arbitral tribunal and concerned members except to the extent that disclosure may be required of a party to fulfil a legal duty, protect or pursue a legal right, or enforce or challenge an award in legal proceedings before a state court or order judicial authority, or with the consent of all parties."

(8) 文書開示手続の規則

国際仲裁の証拠調べにおいて，文書開示手続が採用されることが多いが，仲裁法，仲裁規則には詳細な規定が設けられていない。仲裁手続に適用される仲裁法，仲裁規則を補うものとして作成された規則，ガイドラインとして，国際法曹協会（International Bar Association：IBA）により策定された国際仲裁証拠調べ IBA 規則（IBA Rules on the taking of Evidence in International Arbitration，以下 IBA 証拠規則という）がある。IBA 証拠規則は仲裁手続において，規則として，又はガイトラインとして採用されることが多い。追加規定としてあらかじめ文書開示手続に IBA 証拠規則を採用することを合意することができる。例えば，以下のような規定となる。

"The parties and Arbitral Tribunal may adopt the IBA Rules on the taking of Evidence, in whole or in part, at the commencement of the arbitration, or at any time thereafter."

(9) 仲裁費用

仲裁に要する費用は，申立て及び管理料金，仲裁人報酬，仲裁手続実費である。さらに，仲裁手続では弁護士が代理することが多いが，弁護士費用も仲裁費用に含まれることがある。これらの費用の当事者の分担は，仲裁廷が仲裁判断のときに決定し，仲裁判断に含まれる。当事者間であらかじめ合意があれば仲裁判断において，その合意が尊重されるので，追加条件として規定することも有効である。例えば，以下のような規定となる。

"The prevailing party shall be entitled to recover its costs including administrative fees and expenses, arbitrator(s) fees and expenses and fees and expenses of legal representations, incurred in the arbitration proceedings."

(10) 仲裁判断の最終性

　仲裁は一審制で，仲裁判断は最終の判断であり，確定した裁判所の判決と同一の拘束力がある。仲裁判断の効果の確認規定としてよく規定される条件である。例えば，以下のような規定となる。

"The award rendered by the arbitrator(s) shall be final and legally binding upon the parties."

Column 4

被告地主義仲裁条項

　契約交渉において仲裁条項の定め方で，当事者の主張，利害が対立する場合がある。例えば，当事者双方が自国を仲裁地として自国の仲裁機関を指定してくる場合である。このようなケースの場合，アジアではシンガポール，香港を第三国地域の仲裁地，仲裁機関として選択，合意するケースが多い。一方で，被告地主義仲裁を選択すれば，日本企業の場合，日本でのJCAA仲裁とすることで立地条件，代理人の獲得の容易性，コスト面で得策である。

　被告地仲裁条項では，相手企業が仲裁を申し立てる場合は，日本で仲裁となるので，日本企業が防御を中心に考える場合には一定の効果がある。また，紛争が発生した場合に，相手企業が仲裁申立てを回避して和解交渉する方向に促す効果も期待できる。

　以下に，仲裁地を被申立人の所在国，仲裁機関を被申立人の仲裁機関，規則とする被告地主義仲裁条項を示す（仲裁地日本，仲裁機関をJCAAとする場合）。

　なお，被告地主義仲裁条項を選択する場合は，相手国の仲裁制度が整備されており，仲裁機関のクオリティ，経験，信頼性があることが条件となる。

All disputes, controversies or differences arising out of or in connection with this contract shall be finally settled by arbitration. If the arbitral proceedings are commenced by X (foreign corporation), arbitration shall be held pursuant to the Commercial Arbitration Rules of The Japan Commercial Arbitration Association and the place of the arbitration shall be (the name of the city in Japan); if the arbitral proceedings are commenced by Y (Japanese corporation), arbitration shall be held pursuant to (the name of rules) of (the name of arbitral institution) and the place of the arbitration shall be (the name of the city in foreign country).

Once one of the parties commences the arbitral proceedings in one of the above places in accordance with the rules of the respective arbitral institution, the other party shall be exclusively subject to the arbitral proceedings and shall not commence any arbitral proceedings as well as court proceedings.

The time receipt of the request for arbitration by the arbitral institution determines when the arbitral proceedings are commenced.

（上記被告地主義英文例は JCAA ホームページより引用）

第4講

仲裁人

　　仲裁人は仲裁手続において必要不可欠である。当事者が仲裁人を選任することができることは仲裁のメリットでもある。しかし，当事者が仲裁人を選任するうえでのリスクも存在する。

　　第4講では，仲裁人と当事者との関係について，仲裁人はどのように選任されるのか，仲裁人の選択と選任手続について紹介し，選任される仲裁人の公正性，独立性と仲裁人の忌避制度について検討する。

　　また，後半では，仲裁廷の管轄権に関する問題を取り上げて検討する。

Ⅰ．仲裁人と当事者との関係─仲裁人契約

当事者と仲裁人との間の関係は契約に基づくことは広く認識されている。仲裁人は基本的に当事者によって選任され，その法的地位は仲裁人と当事者との間の契約である仲裁人契約に基づいている。仲裁人契約は，当事者が仲裁人を選任し，仲裁人にその役割と権限を付与するための契約である。仲裁人の役割は，当事者から委任を受けて，仲裁手続を主宰して，判断を求められた事項について仲裁判断を下すことで紛争を解決することにある。

仲裁人の選任と仲裁人契約の締結は同時に行われ符号するものである。その仲裁人契約が一方の当事者と仲裁人との間に行われる場合でも，他の当事者の代理をしていると解されすべての他の当事者を含み締結される契約である。当事者が仲裁人を選任しない場合は，仲裁機関又は裁判所が選任することになるが，仲裁人が仲裁機関により選任される場合，また，裁判所，または仲裁人選任機関により選任される場合も同様である。

Ⅱ．仲裁人の数

当事者は，仲裁人の数について，あらかじめ1人または複数の仲裁人の数を合意しておくことができる。日本仲裁法16条1項では，「仲裁人の数は，当事者が合意により定めるところによる。」としている。

2当事者間の場合，仲裁人の数の合意がない場合は，各仲裁法，仲裁規則により，仲裁人の数は，1人の場合と3人の場合がある。同法16条2項では，「当事者の数が2人である場合において，前項の合意がないときは，仲裁人の数は，3人とする。」としている。

JCAA商事仲裁規則では，仲裁人の数は，原則として1人又は3人としている（同規則26条1項）。当事者が仲裁人の数に関する合意を日本商事仲裁協会（JCAA）に書面により通知しないときは，1人としている（同規則26条2項）。

実務対応としては，当該仲裁手続に適用される仲裁法，仲裁規則をあらかじ

め調査，検討して，例えば，仲裁条項の起案において，"The number of arbitrator (s) shall be [one or three]." として仲裁人の数を合意しておくことも大切である。

　当事者としては，仲裁人の数を1人か，3人とすべきか悩むところである。仲裁人が3人の場合のメリットは，以下のものが挙げられる。

① 3人の仲裁人で仲裁廷が構成される場合，手続及び仲裁判断は仲裁人の協議により進められるので，より質の高い判断が期待できる。また，手続，及び判断の誤りを犯すリスクを減じることにもなる。

② 科学，技術上の問題が争いの中心の場合は，仲裁廷の中の1人に，その分野の専門家を選任できる。

③ 当事者の文化，法文化の背景が異なる場合に，各当事者がそれぞれ選任する仲裁人に，同様の文化，法文化の背景を持つ仲裁人を選任できる。

　仲裁人が3人の場合のデメリットは，以下のものが挙げられる。

① 仲裁人報酬が単独仲裁人報酬より高額（約3倍）になる。

② 仲裁手続，仲裁判断において，仲裁人間で意見の対立がある場合，仲裁廷の合意の形成が困難になり，手続の遅延，障害となることがある。

　上記メリット，デメリットを考慮すると，比較的紛争金額が低く，単純な内容の紛争の場合は仲裁人の数は1人が適当ではないかと思われる。多くの仲裁機関で採用されている迅速仲裁手続では，仲裁人の数は原則1人である。

　紛争金額が高額で，紛争が複雑で，争点が多岐にわたるような大型事件の場合は，仲裁人の数は3人が適当ではないかと思われる。

III. 仲裁人の選択と選任手続

1. どのようにして仲裁人を見つけ出すか

　仲裁人は，当事者間の紛争を審理し，解決，判断する仲裁手続において不可

欠な存在である。仲裁人は対象となる紛争に関して高い見識と経験があり仲裁手続を公正,効率的に主宰する能力が求められる。仲裁人の選択は当事者にとり最も重要である。当事者が仲裁人を選択,指名する場合に,どこから,どのようにして適切な仲裁人を見つけ出すか,また仲裁人候補者と面接,協議する場合にどのような点に注意,考慮すべきかということが問題となる。

(1) 仲裁人の選択において考慮すべき事項

当事者が仲裁人を選択するうえで考慮すべき事項としては,以下のものが挙げられる。

① 仲裁人の資質（法律家,専門家としての資質,仲裁人としての経験と資質）
② 審問を主宰するスキルと能力
③ 同様の事件を扱った経験の有無
④ 仲裁人の執務可能性（availability）
⑤ ダイバーシティ（ジェンダー,年齢,国籍,文化,地域,他）
⑥ 仲裁人の独立性,公正性（independence, impartiality）

(2) 仲裁人を見つけ出す方法

当事者が仲裁人を見つけ出す手段,方法については,以下のものが挙げられる。

① 仲裁機関が保持している仲裁人名簿
② 口伝え,評判
③ 内部,外部の同僚からの情報（法律事務所,社内弁護士,法務部部員,他）
④ 仲裁人自身のオンライン等で表明しているプロフィール
⑤ 法律情報雑誌等で紹介する仲裁人の情報

(3) 仲裁人候補者と面接,協議するうえで留意すべき事項

仲裁人の選任の重要性から,仲裁人候補者の性格や考え方等を知るために,

当事者が仲裁人候補者と直接に面談をすることがある。仲裁人候補者との面談において，当事者選任の仲裁人（party appointed arbitrator）の場合と単独仲裁人（single arbitrator）と第三仲裁人（third arbitrator）の場合には相違がある。単独仲裁人と第三仲裁人の候補者との面談は，公正性の観点から，両当事者出席のもとで行わなければならないとされる。

　仲裁人候補者にアプローチをして，仲裁人候補者と面接，協議をする場合に，仲裁人候補者との協議において差し控えるべき事項としては，以下のようなものがある。

　① 紛争の原因となる具体的事実又は状況を詳細に説明すること
　② 両当事者の立場又は主張の内容を説明すること
　③ 当事者の主張や請求に対する仲裁人の見解を聴くこと

　仲裁人候補者と協議してもよい事項としては，以下のようなものがある。
　① 当事者の名称及び紛争に関与している第三者の名称を開示すること
　② 紛争の一般的な性質を説明すること
　③ 仲裁人候補者の経験，専門性などを聴くこと
　④ 仲裁人の執務可能性などを確認すること

2. 仲裁人の選任

(1) 仲裁人の数が1人の場合

　仲裁人の数が1人の場合，当事者は一定期間内に合意によって仲裁人を選任しなければならない。当事者が選任しない場合には，①アドホック仲裁の場合は，裁判所または仲裁人指名機関が当事者に代わって選任することになる，②機関仲裁の場合は，仲裁機関が当事者に代わって選任することになる。

(2) 仲裁人の数が3人の場合

　仲裁人の数が3人の場合，各当事者がそれぞれ1人の仲裁人を選任し，選任された2人の仲裁人がさらに第三仲裁人を選任しなければならない。各当事者選任の仲裁人，または，当事者選任の2人の仲裁人が第三仲裁人を選任しない

場合は，アドホック仲裁では，裁判所または仲裁人指名機関が，機関仲裁では，仲裁機関が当事者に代わって選任することになる。ほとんどの仲裁機関では，仲裁人名簿を備えており，仲裁人の選任においては，仲裁機関が備える仲裁人名簿が参考になる。

　JCAAでは，当事者が仲裁人を選任する場合，当事者の仲裁人選任の独立性，公正性等を仲裁機関がチェックする目的で，当事者選任を仲裁機関が確認する制度を採用している[1]。

IV. 多数当事者仲裁において仲裁人が 3 人の場合の　仲裁人の選任

　単一の契約に多数の当事者が関係する，例えば建設プロジェクトのジョイントベンチャーやコンソーシアム契約では，多数の当事者が関与するが，そのような契約から発生する同一の仲裁合意に基づく多数当事者仲裁では，仲裁手続，特に仲裁人の選任，仲裁廷の構成において，すべての申立人及びすべての被申立人が平等な取扱いがなされているか否かが問題となる。

　2 当事者間の仲裁で仲裁人の数が 3 人の場合，申立人，被申立人の各当事者がそれぞれ仲裁人を選任することになり問題は発生しない。しかし，多数当事者仲裁において，例えば，申立人は単独の当事者で，被申立人が複数の当事者の場合，申立人が 1 人の仲裁人を選任して，被申立人が 1 人の仲裁人を選任するとなると，被申立人の当事者の利害が対立している場合，複数の被申立人が 1 人の仲裁人を選任合意することが難しく，選任合意ができない場合がある。そのような場合において，利害の対立する当事者に対して，申立人と同様に 1 人の仲裁人の選任を強いることは，仲裁人の選任，仲裁廷の構成における平等待遇，公正手続上の問題を含む。

　当事者の仲裁人選任，仲裁廷の構成における平等待遇，公正手続に関する判

1　JCAA 商事仲裁規則 25 条 3 項「当事者が仲裁人を選任する場合及び仲裁人が第三仲裁人を選任する場合における選任の効力は，JCAA が選任を確認することによって生ずる。」

例として Dutco 事件[2]がある。Dutco 事件は，プラント建設コンソーシアム契約から発生した紛争であるが，その契約書では，3人仲裁による ICC 仲裁条項が規定されていた。Dutco は，Siemens と BKMI の2社を被申立人とする仲裁を国際商業会議所（ICC）に申し立てた。ICC は，その当時の慣行と仲裁規則に従い，被申立人 Siemens と BKMI の2社に対して協同して1人の仲裁人を選任することを求めた。Siemens と BKMI は，仲裁人を選任しないと，ICC が仲裁人を選任することになるので，仲裁人選任における平等待遇，公正手続の異議権を留保したうえで仲裁人を選任した。Siemens と BKMI は，仲裁廷が構成された後，仲裁人選任の手続に異議を申し立てたが，仲裁廷は手続の公正性を確認した。これに対して，Siemens と BKMI は，それぞれに仲裁人選任権限を有するとして争い，これに反して仲裁廷が構成されたことは当事者平等待遇，及びフランスの公序に反するとして，第二審裁判所であるパリ控訴院に訴えた。パリ控訴院は ICC の仲裁廷の判断を支持したが，最高裁にあたるフランス破棄院では，異なる当事者の2社に1人の仲裁人を選定させることはフランスの公序に反するとして，パリ控訴院の判決は破棄された。結果，3者が別々に仲裁人を選任するとして決着がついた Dutco 事件は，多数当事者仲裁の仲裁人の選任問題に大きな影響を与えた事件であり，今日では，日本商事仲裁協会（JCAA），他主要仲裁機関が多数当事者仲裁における仲裁人選任問題を考慮して，当事者が共同して仲裁人を選任できない場合には，仲裁機関が仲裁廷を構成する全仲裁人を選任する規定を設けて，当事者の仲裁人選任手続の平等待遇，公正手続を確保している。

　JCAA 商事仲裁規則29条（多数当事者仲裁において仲裁人が3人の場合）8項では，「申立人又は被申立人のいずれか又はその双方が，……，JCAA が3人の仲裁人をすべて選任する。この場合において，いずれの当事者も異議を述べないときは，JCAA は，申立人又は被申立人のいずれかがすでに選任した仲裁人を，3人の仲裁人の1人として選任することができる。」としている。

---

2 Cour de cassation 7.1. 1992, Simens AG/BKMI Industrieanlagen GmbH v. Dutco Construction Company.

Ⅴ．仲裁人の公正性，独立性と仲裁人の忌避

1．仲裁人の公正性，独立性

　仲裁人は当事者から独立して，公正でなければならない。仲裁人の公正性，独立性を疑うに足りる相当な理由があるときは，当事者は当該仲裁人を忌避することができる。

　仲裁人への就任の依頼を受けようとする者は，依頼した者に対し，自己の公正性または独立性に疑いを生じさせるおそれがある事実の全部を開示しなければならない。また，仲裁人に選任された後も，仲裁人の公正性，独立性の疑義が発生した場合，仲裁人は，同様の開示をしなければならない。

　仲裁人の開示義務制度は，独立，公正でない仲裁人を排除するための情報提供をすることで，仲裁当事者の利益を図ることにあり，また，仲裁制度の信頼維持という公益的な目的のためでもある。

　仲裁法 18 条 3 項では，「仲裁人への就任の依頼を受けてその交渉に応じようとする者は，当該依頼をした者に対し，自己の公正性又は独立性に疑いを生じさせるおそれのある事実の全部を開示しなければならない。」としている。また 18 条 4 項で，「仲裁人は，仲裁手続の進行中，当事者に対し，自己の公正性又は独立性に疑いを生じさせるおそれのある事実（既に開示したものを除く。）の全部を遅滞なく開示しなければならない。」としている。

　仲裁手続の進行中に発生した独立，公正性に疑いがある事実を開示せずに仲裁手続が進行して，仲裁判断が下された場合は，仲裁廷の構成に瑕疵があるものとして仲裁判断の取消事由となる。

　仲裁法 44 条 1 項 6 号は，「仲裁廷の構成又は仲裁手続が，日本の法令（その法令の公の秩序に関しない規定に関する事項について当事者間に合意があるときは，当該合意）に違反するものであったこと。」としている。

　実際に，仲裁人に選任された後，仲裁手続の進行中において発生した公正性，独立性の疑義について仲裁人が当事者に開示を怠り，非開示の状況で下さ

れた仲裁判断が，仲裁法 44 条 1 項 6 号の取消事由に該当するとして仲裁判断が取り消された事件がある [3]。

2. 仲裁人の忌避

仲裁は当事者自治による紛争解決手段であるが，仲裁人の下す仲裁判断は法的拘束性を有するものであり，裁判所の手続と同様に，公正性，独立性が確保されなければならない。この目的のために，仲裁人の忌避制度がある。

仲裁法 18 条では，当事者は次の場合，仲裁人を忌避することができるとしている。

① 当事者合意により定められた仲裁人の要件を具備しないとき

② 仲裁人の公正性または独立性を疑うに足りる相当な理由があるとき

当事者が定めた要件を具備しないとは，具体的には，例えば，当事者合意により定められた仲裁人の要件とされた職業，資格がない，または失った場合等である。

公正性，独立性とは，一方当事者に偏っていないこと，また，一方当事者，または第三者に依存していないことをいう。例えば，仲裁人が一方当事者の顧問弁護士事務所の弁護士である場合，また，仲裁人が一方当事者または事件の結果について，重大な財務的な利害関係を有している場合等では，仲裁人になることは，公正性，独立性に問題があるとされる。

3. 仲裁人の忌避手続

当事者は，仲裁人の公正性または独立性を疑うに足りる相当な理由があるときは，その仲裁人を忌避することができる。

仲裁人の忌避の手続は，当事者が合意により定めることができる。当事者の合意がない場合は，仲裁廷が仲裁人の忌避についての決定を行う。仲裁廷が，

---

3 最高裁平成 29 年 12 月 12 日民集 71 巻 10 号 2106 頁（仲裁判断取消申立て棄却決定に対する抗告審の変更に対する許可抗告事件）。

仲裁人の忌避を理由がないとする決定をした場合，その決定を不服とするその忌避をした当事者は，裁判所に対して当該仲裁人の忌避の申立てをすることができる。

　仲裁法19条1項では，「仲裁人の忌避の手続は，当事者が合意により定めるところによる。」としている。同2項で，「前項の合意がない場合において，仲裁人の忌避についての決定は，当事者の申立てにより，仲裁廷が行う。」としている。同4項で，「仲裁人の忌避を理由がないとする決定がされた場合には，その忌避をした当事者は，当該決定の通知を受けた日から30日以内に，裁判所に対し，当該仲裁人の忌避の申立てをすることができる。」としている。

　仲裁機関の仲裁規則には，通常，仲裁人忌避の規定が設けられている。当事者が合意した仲裁規則は，仲裁手続の準則となり，当該仲裁規則の仲裁人の忌避規定が適用されることになる。

　例えば，JCAA商事仲裁規則では，次の様な手続がとられる。

① 仲裁人の忌避を申立てしようとする当事者は，一定期間内に，忌避の原因を記載した書面（忌避申立書）をJCAAに提出しなければならない（規則34条3項）。

② 忌避の申立書の提出があった場合には，JCAAは，遅滞なく，申立書の写しを添えて，相手方当事者及び仲裁人に忌避の申立てがあった旨を通知する（規則34条4項）。

③ JCAAは，当事者及び仲裁人の意見を聴いた上で，理由を示すことなく，忌避の当否について決定する（規則34条5項）。

④ JCAAは，当否の決定に先立ち，手続諮問委員会規定に基づき，JCAAの手続諮問委員会に諮り，仲裁人の忌避の申立てについて決定する（JCAA手続諮問委員会規定3条4項）。

4.　仲裁人の公正性，独立性の判断基準

　国際商事仲裁において，仲裁人は公正で当事者から独立していなければならないことは，グローバルに認識されている。仲裁法，仲裁規則には，通常，仲裁人の公正性，独立性の規定が置かれている。しかし，一部の仲裁法，仲裁規

則を除き，仲裁人の公正性，独立性に該当するか否かの判断基準となる詳細な規則，ガイドラインの規定は置かれていない。

公正性，独立性に該当するか否かに関する規則，ガイドラインについては，国際法曹協会（IBA）により策定された "IBA Guidelines on Conflicts of Interest in International Arbitration 2014" がある。

VI. 仲裁廷の構成

仲裁廷（arbitral tribunal）とは，仲裁合意に基づき，その対象となる紛争について審理し，仲裁判断を行う 1 人又は複数の仲裁人の合議体をいう。仲裁廷は，すべての仲裁人が選任されたときに成立し，申し立てられた当事者間の紛争を適切な手続に基づき，書面及び口頭の審理を行い，仲裁判断を下す義務，役割がある。仲裁廷を構成する仲裁人が複数の場合には，仲裁廷が行う議事は，仲裁判断を含め，仲裁人の過半数で決定される。仲裁人の意見が可否同数となったときは，仲裁廷の議長が議決権限を有する。仲裁廷の議長の選任については，仲裁法，仲裁機関の仲裁規則により異なるが，例えば，①仲裁人の互選により選任される場合，②第三仲裁人が仲裁廷の議長を務める場合，③仲裁機関が仲裁廷の議長を選任する場合がある。

VII. 仲裁廷の管轄権―自己の仲裁権限の有無についての判断

仲裁廷の管轄権は仲裁廷の権限の基本的要素である。管轄権のない紛争の仲裁廷による仲裁判断は，裁判所による仲裁判断の取消し，または，執行拒絶の事由となる。

仲裁廷の管轄権の争いは，主に仲裁合意を巡る争いである。例えば，①当事者の仲裁合意が存在しないとする仲裁合意の存否を巡る問題，②仲裁合意の客観的範囲，例えば，仲裁申立ての紛争が仲裁合意で解決できる紛争か否か，また，仲裁合意の範囲にある紛争か否かを巡る問題，③仲裁合意の主観的範囲，

例えば，仲裁合意が，仲裁合意の当事者ではない，例えば，仲裁合意の当事者の代表取締役，取締役，実質的意思決定者にまで及ぶのかを巡る問題など，仲裁廷の管轄権の争いが発生することは少なからずある。

1. 仲裁廷の管轄権

仲裁廷の管轄権の有無の争いについて，仲裁廷に判断権限があるのか，又は，裁判所が判断すべきあるのかについては，従来から論争されてきた問題である。

仲裁廷が自己の管轄権について判断権限を有するとするコンピテンス・コンピテンスの原則（a doctrine of Competence-Competence）がある。仲裁人は，当事者により選任を受けて職務を遂行する地位にあることから，仲裁合意の成否又は効力などに関する仲裁廷の管轄権について当事者間に争いのある場合，仲裁廷は自己の管轄権の判断をする権限を有する。

仲裁法 23 条 1 項は，「仲裁廷は，仲裁合意の存否又は効力に関する主張についての判断その他自己の仲裁権限（仲裁手続における審理及び仲裁判断を行う権限をいう。以下この条において同じ。）の有無についての判断を示すことができる。」としている。多くの国の仲裁法にも同趣旨の規定がされている。

2. 仲裁廷の管轄権に関する当事者の異議申立てとその時期

当事者による仲裁廷の管轄権の異議の申立ては，手続の早期の段階に行わなければならない。異議申立て時期を制限することは，審理の進んだ段階でもこの主張を認めると，仲裁手続の安定的，円滑な遂行の妨げとなり，また，意図的に，仲裁手続の進行妨害戦術として利用されるおそれもあり，結果として手続の遅延をもたらすことになり，また，仲裁手続の遅延，妨害を狙っての主張を防止する必要があることがその理由として挙げられる。

仲裁廷の管轄権の異議の主張を，正当な理由なく，本案の最初の主張書面の提出の時までにしなかった場合，または，その原因となる事由が仲裁手続進行中に生じた場合にあってはその後速やかに異議の申立てをしなかった場合は，当事者は，仲裁廷の管轄権を認めて当該仲裁を受け入れたものとみなされる。

仲裁判断が下された後，例えば，仲裁判断の取消しの裁判，または仲裁判断の承認，執行の裁判において，仲裁廷の管轄権がなかった旨の主張はできないと解される。

　仲裁法23条2項では，「仲裁手続において，仲裁廷が仲裁権限を有しない旨の主張は，その原因となる事由が仲裁手続の進行中に生じた場合にあってはその後速やかに，その他の場合にあっては本案についての最初の主張書面の提出の時（口頭審理において口頭で最初に本案についての主張をする時を含む。）までに，しなければならない。ただし，仲裁権限を有しない旨の主張の遅延について正当な理由があると仲裁廷が認めるときは，この限りでない。」としている。

　当事者が仲裁人を選任し，またはその選任に関与した場合であって，その選任前から仲裁合意の効力等に異議があった場合にも，管轄権の異議を主張することができる。当事者が仲裁人を選任することは，仲裁によって紛争を解決する意思があるとみなされ，仲裁合意の効力を争う意思がないと解釈される可能性があるが，当事者は，仲裁合意が効力を有することについて異議を留保しなくても，仲裁人を選任し，後に異議を主張することができるとされる。

　仲裁法23条3項は，「当事者は，仲裁人を選任し，又は仲裁人の選任について推薦その他これに類する関与をした場合であっても，前項の主張をすることができる。」としている。

3．仲裁廷による管轄権の判断

（1）仲裁廷の管轄権がある場合

　仲裁廷が自己の管轄権があると判断して，自己が仲裁権限を有する旨を判断する場合，「仲裁判断前の独立の決定又は仲裁判断」（仲裁法23条4項1号）の形式でその判断を示すことになる。いずれの形式の判断を出すかは，仲裁廷が，手続の進行状況，異議の内容等を勘案して決定することになる。

　当事者から仲裁廷の管轄権についての異議の主張がされた場合，実務上は，仲裁廷は，仲裁廷の管轄権の争いと本案の争いを分けて，まずは，仲裁廷の管轄権の問題について決定を下して，その後に本案審理手続に入るケースが多い。

（2）仲裁廷の管轄権がない場合

　仲裁廷が自己に仲裁権限がないと判断した場合には，仲裁廷は仲裁手続の終了決定によりその判断を示すことになる（仲裁法23条4項2号）。仲裁手続は，仲裁手続の終了決定により終了することになる。仲裁法40条1項では，「仲裁手続は，仲裁判断又は仲裁手続の終了決定があったときに，終了する。」としている。

4. 仲裁廷の管轄権の判断についての裁判所の関与

　仲裁手続中に当事者から管轄権の異議が提出され，仲裁廷が，仲裁判断前の独立の決定において自己が仲裁権限を有する旨の判断を示した場合，仲裁権限を争う当事者は，裁判所に対して，当該仲裁廷が仲裁権限を有するか否かについて判断を求める申立てをすることができる。裁判所は仲裁廷の仲裁権限の有無についての判断を示すことになる。

　この場合において，当該仲裁廷は，仲裁手続を続行し，仲裁判断を下すことができる。また，当該仲裁廷は，仲裁手続を続行せずに，裁判所の判断を待つこともできる。

　仲裁法23条5項では，「仲裁廷が仲裁判断前の独立の決定において自己が仲裁権限を有する旨の判断を示したときは，当事者は，当該決定の通知を受けた日から30日以内に，裁判所に対し，当該仲裁廷が仲裁権限を有するかどうかについての判断を求める申立てをすることができる。この場合において，当該申立てに係る事件が裁判所に係属する場合であっても，当該仲裁廷は，仲裁手続を続行し，かつ，仲裁判断をすることができる。」としている。

第5講

仲裁手続の当事者と関係者，多数当事者仲裁

　仲裁手続に参加する，また関与する者は様々である。仲裁手続の基本的認識事項として，仲裁手続に関係する当事者の名称，役割を理解しておくことは仲裁手続を把握，理解するうえで大切である。

　第5講では，仲裁手続に参加，関係する当事者を紹介する。

　また，後半では，最近の傾向として，多数の契約，多数の当事者が関係する紛争を1つの仲裁手続で解決する多数当事者仲裁が利用されるケースが増大しているが，多数当事者仲裁を取り上げて検討する。

Ⅰ. 仲裁手続の当事者，関係者

仲裁は当事者自治に基づき，当事者合意により紛争を解決する手続であり，仲裁手続に参加する当事者，関与する者は様々であり，個々の仲裁手続によることになるが，仲裁手続に参加，関与する者は，一般には，①申立人，被申立人，②代理人，③補佐人，④仲裁人，仲裁廷，⑤仲裁人の補助者，⑥仲裁機関，事務局，コート，⑦証人，専門家証人（鑑定人），⑧通訳者などが挙げられる。仲裁手続における基本的な認識事項として，仲裁手続の当事者，また関与，関係してくる者の名称とそれぞれの性格，役割，留意しておくべき事項を認識，理解しておくことは仲裁手続の全体を把握するうえで大切である。

1. 申立人（claimant），被申立人（respondent）

仲裁における当事者の名称と訴訟における当事者の名称は異なる。仲裁では，仲裁申立てを行う当事者を「申立人」（claimant）といい，申立てを受けた当事者を「被申立人」（respondent）という。裁判では，訴訟を提起する当事者を原告（plaintiff）といい，訴えられた当事者を被告（defendant）という。

(1) 当事者能力，仲裁合意締結の制限

仲裁は仲裁合意が要件とされるが，申立人，被申立人が有効な契約（仲裁合意）を締結しうる力のある者は，仲裁合意の締結能力を有する。一方，消費者保護，個別労働者の保護の観点から，仲裁合意締結の制限を課している制度を持つ国もある。例えば，日本もそうである。仲裁法附則3条2項では，消費者契約法の対象となる仲裁合意（仲裁条項）について，消費者保護のための特例として，「消費者は，消費者仲裁合意を解除することができる。ただし，消費者が当該消費者仲裁合意に基づく仲裁手続の仲裁申立人となった場合は，この限りではない。」としている。また，同附則4条で，個別労働関係紛争を対象とする仲裁合意の特例として，「当分の間，この法律の施行後に成立した仲裁合意であって，将来において生ずる個別労働関係紛争を対象とするものは，無

効とする。」としている。

(2) 当事者への仲裁手続の通知の宛先

国際民事訴訟では，国家機関による解決となることから，国家主権の問題により，外国への訴状などの送達は，司法共助条約や二国間条約に基づき送達され，送達に相当の困難と時間が伴う。一方，国際商事仲裁は私的自治による解決であり，仲裁開始などの通知等はクーリエ便，書留郵便，電子メール，ファクシミリで行われ，簡易でありスピーディである。通知は相手先の住所，居所，営業所，事務所宛に行われるが，各手続において当事者に通知する宛先が重要であり，その正確性が求められる。

当事者（被申立人）が欠席のまま仲裁手続が進められ仲裁判断が下される（欠席仲裁判断）ことがあるが，通知の宛先が不正確であったために，通知が相手方に届いていない場合，仲裁判断の取消事由となることに留意しておくべきである。

仲裁判断の取消しの申立人が，仲裁人の選任手続又は仲裁手続において必要とされる通知を受けなかったことが，当事者の手続保障を欠くものとして仲裁判断の取消事由となる（日本仲裁法 44 条 1 項 3 号，モデル法 34 条（2）（a）ii）。

2. 代理人（representative）

国際商事仲裁における仲裁手続は複雑であり，法的要素も多く含み，法律その他の専門知識が要求される。国際商事仲裁では当事者本人が手続を行うことは難しく，ほとんどのケースで当事者本人の代理人が選任されている。代理人とは，当事者本人から仲裁手続を行う代理権を付与され，本人に代わって仲裁手続を行い，その行為の効果は本人に帰属する。JCAA 商事仲裁規則では同 10 条に，「当事者は，この規則による手続において，自己の選択する者に代理又は補佐をさせることができる。」とし代理及び補佐の規定を設けている。

(1) 代理人の資格

　国際商事仲裁においては，代理人の職業は，国により異なるが，必ずしも弁護士とは限らない。法律及び仲裁の知識，素養を持つ弁護士以外の専門家の仲裁代理を認めている国も少なからずある。一方，日本のように，弁護士以外の代理人を認めない国もある。

(2) 日本における非弁護士の仲裁代理

　日本では，弁護士でない者による仲裁代理については弁護士法72条が障害となっている。日本の弁護士でない者が業として仲裁代理を行うことは同72条に抵触することになり，非弁護士の代理により手続が進められ，仲裁判断が下されたとしても，その仲裁判断は，瑕疵ある仲裁判断として取消原因となるおそれがある。

　日本の弁護士でない者の仲裁代理を認める特例として，「外国弁護士による法律事務の取扱いに関する特別措置法」（令和2年法律33号）に基づき，外国に居住する外国弁護士の国際仲裁代理，日本に居住する外国法事務弁護士の国際仲裁代理が認められている。その他，弁理士法4条2項に基づき，特許権などに関する事件の裁判外紛争解決手続（ADR）について，日本商事仲裁協会（JCAA）他，経済産業大臣が指定する機関での弁理士による代理が認められている。

3．補佐人（assistant）

　補佐人とは，審問期日に出席し，事案に関する知識を持って当事者の主張を補佐する者をいう。補佐人は代理権がないので，当事者本人又は代理人と一緒に審問期日に出席するのが原則で，補佐人のみが出席しても，当事者が出席したことにはならない。また，補佐人は直接に主張，陳述することは許されない。

4．仲裁人（arbitrator），仲裁廷（tribunal）

　仲裁人（arbitrator）とは，仲裁合意においてその対象となる紛争の解決を

委ねられ，その判断に服するとする合意がされた中立，公平な第三者をいう。仲裁廷（tribunal）とは，仲裁合意に基づき，その対象となる紛争について審理し，仲裁判断を行う1人又は2人以上の仲裁人の合議体をいう。合議体である仲裁廷の議事は，仲裁廷を構成する過半数で決議される。仲裁廷は，1人の仲裁人の場合は，その仲裁人が選任されたとき，また，複数の仲裁人の場合は，最後の仲裁人が選任されたときに構成される。

5. 仲裁人の補助者（tribunal secretary）

仲裁人は，仲裁判断を含む仲裁廷の決定に実質的な影響を与える作業を第三者に委ねてはならないとされる。しかし，仲裁人が審理手続を遂行するうえで時間と労苦を要する作業が伴い，それを補助する者が必要となる場合がある。そのような場合は，実務上，当事者全員の同意を前提に仲裁人の補助者をつけることが少なからずある。主要な仲裁機関はそのような需要に対応して，仲裁規則に仲裁人補助者の規定を設けている。

JCAA 商事仲裁規則 33 条では，「仲裁人は，仲裁判断を含む仲裁廷の決定に実質的な影響を与える作業を第三者に委ねてはならない。」（同1項）としたうえで，「単独仲裁人又は仲裁廷の長は，前項の定めに反しない限り，仲裁人の任務遂行に係る補助をさせる第三者（以下，仲裁人補助者という。）を用いることができる。ただし，この場合には，仲裁人補助者に関する情報を示した上で，その用いようとする作業内容について説明し，仲裁人補助者に報酬を支払う場合にはその計算方法等を明らかにした上で，書面によりすべての当事者の了解を得なければならない。」としている（同2項）。

6. 仲裁機関（arbitral institution），事務局（secretariat），コート（court）

仲裁の種類には，アドホック仲裁と機関仲裁がある。アドホック仲裁は，当事者が自ら仲裁手続を遂行するのに対し，機関仲裁は，当事者が合意した仲裁機関が手続管理を行う事務局を置き仲裁手続を管理して仲裁手続を遂行する。国際商業会議所（ICC），シンガポール国際仲裁センター（SIAC）では仲裁機

関にコート（court）を置いて手続管理を行っている。

(1) 仲裁機関

仲裁機関とは仲裁手続の手続管理を行う機関であり，通常，常設機関として運営されている。例えば，ICC，ロンドン国際仲裁裁判所（LCIA），アメリカ仲裁協会（AAA）/国際紛争解決センター（ICDR）が世界三大仲裁機関として特に著名である。現在では，世界各地域において常設の仲裁機関が数多く設立されており，国際商事仲裁事件を取り扱っている。日本を代表する仲裁機関としては，JCAA がある。

(2) 事務局

事務局は，一般には，仲裁機関に付属し，仲裁廷が遂行する仲裁手続の補助を行う。例えば，仲裁手続を遂行するために必要な審問の録音，通訳，速記，審問室等を手配する。ただし，仲裁機関により事務局の役割は異なる。ICC 仲裁の事務局の役割は，仲裁人が遂行する手続の相談，調整を行うことが中心的役割となっている。仲裁手続を遂行するために必要な審問の録音，通訳，速記，審問室等の手配は仲裁廷の役割であり，事務局はそのような役割を持たない。

(3) コート

仲裁機関により，仲裁手続を管理，運営する方法が異なる。例えば，ICC 等は，仲裁機関，コート，事務局が仲裁手続の管理を行うが，コートと事務局の役割が分担されている。コートは，仲裁人の選任，仲裁付託事項の承認，仲裁判断の審査など，仲裁手続における重要な役割を果たしている。

7. 証人（witness），専門家証人（鑑定人）（expert witness）

(1) 証人

国際商事仲裁では，通常，書面審理と口頭審理を併用するが，口頭審理において，証人尋問（witness testimony）を行うことが多い。証人とは，一定の

事実問題に関して，その知っている事項を通常口頭で口述する者をいう。証人が宣誓を行うか否かは，各国の制度により異なる。日本では，証人の宣誓は行わない。

(2) 専門家証人（鑑定人）

　仲裁廷は，専門的な知識を補充するために，仲裁廷が決定するべき特別な問題について，鑑定人を選任して，その鑑定人に必要な事項を鑑定させて，書面又は口頭による報告を求めることができる。専門家証人（鑑定人）（expert witness）とは，特別の学識，専門知識，経験を有し，そのような学識，専門知識，経験が無ければ正確かつ十分な判断をすることができない専門的事項について意見書，鑑定書（expert evidence）を提出，証言する者である。当事者選任の専門家証人（鑑定人）（party-appointed experts）と仲裁廷選任の専門家証人（鑑定人）（tribunal-appointed experts）がある。当事者選任，及び，特に仲裁廷選任の専門家証人（鑑定人）は，独立性，公正性（independence and impartiality）が要求される点に留意しておかなければならない。

　例えば，UNCITRAL 仲裁規則 29 条（仲裁廷により任命された鑑定人）2 項では，「鑑定人は，原則として任命を引き受ける前に，仲裁廷及び両当事者に，その資格に関する記述書とその者の公正性と独立性の陳述書を提出するものとする。」としている。

8. 通訳者（interpreter）

　国際商事仲裁では，言語が異なる国の当事者間の取引から発生する紛争が多くあり，仲裁手続において使用する言語が決定される。証人尋問などにおいて，証人が仲裁手続の使用言語では陳述することができない場合に，通訳者が証人の陳述を仲裁手続の使用言語に通訳することになり，その通訳部分が証人の発言となる。通訳者は，仲裁手続に関与する当事者として参加することになり，守秘義務の問題があるが，通常，通訳者との間に守秘義務契約が結ばれる。

II. 多数当事者仲裁

1. 多数当事者仲裁

　仲裁手続は，当事者の仲裁合意を基礎としており，従来，仲裁は，2当事者間の紛争を対象とするものと考えられていた。しかし，近年の国際ビジネスの多様化，複雑化を反映して，同一のビジネスプロジェクトで関係する多数の契約が結ばれ，また，多数の当事者が関与するビジネスが増大している。そのようなビジネスに関連して発生する紛争は，多くの契約が関連し，また多くの当事者が関与することになる。このような多数当事者，多数契約の紛争を仲裁で解決する場合，2当事者間の仲裁手続，また，個別契約ごとの仲裁手続で解決することは時間と費用の浪費となる。

　多数の契約，多数の当事者が関係する紛争を1つの仲裁手続で統一的な解決をすることは，時間と費用の節約となり，また，1つの仲裁手続で当事者の主張，証拠等を集約することができることで，仲裁廷がよりスムーズにまたより正確に紛争の事実，争点を理解することができることにより適切な仲裁判断をすることができる。

　一方，多数当事者仲裁は，当事者の仲裁合意（仲裁付託意思）の問題，当事者の平等待遇等の問題も伴ってくる。仲裁合意（仲裁付託意思）の不存在，不平等待遇は，仲裁判断の取消事由，承認・執行拒絶事由となる。また，多数の当事者が手続に参加することで，手続がより複雑となり仲裁申立てから仲裁判断までの手続の調整が必要となる。例えば，当事者間，当事者と仲裁廷との間の通信，争点の整理，仲裁廷の決定，命令事項，主張書面，証拠の取扱い，専門家証人の任命，審問及び証人尋問のスケジュール，方法等の対応も必要となる。

2. 多数当事者仲裁の形態と仲裁機関の対応

　仲裁は当事者自治による解決であり，当事者の仲裁合意，仲裁付託意思が基

本的要件である。多数当事者仲裁においては，異なる複数の紛争を1つの仲裁に併合することができるか否か，また単数，複数の当事者を追加当事者として1つの仲裁手続に参加させることができるか否かが基本的な問題である。ほとんどの国の仲裁法には多数当事者仲裁の規律を設けていない。したがって，多数当事者仲裁の手続については，当事者合意によるか，または，仲裁機関の仲裁規則により当事者合意を取りつけておくことが求められる。

近年の多数当事者仲裁の需要の増大に対応して，JCAA 他，主要仲裁機関の仲裁規則は多数当事者仲裁の規律を設けており[1]，仲裁機関の仲裁規則が定める手続規定に従い，仲裁申立てから仲裁判断までの手続が適正に行われるシステムが構築されている。

多数当事者仲裁の手続形態について，JCAA 商事仲裁規則を基本に紹介する。多数当事者仲裁の仲裁手続の形態は次のとおりである。

① single arbitration of multiple contracts：複数の契約から発生する複数の紛争を同一の仲裁手続で審理する形態
② joinder of additional parties：1つの仲裁手続において追加の当事者が参加する形態
③ consolidation of arbitrations：複数の仲裁を単一の仲裁に併合する形態

(1) 単一又は複数の契約から発生する複数の紛争の多数当事者仲裁

単一又は複数の契約から発生する複数の紛争を単一の仲裁で解決する多数当事者仲裁について，JCAA 商事仲裁規則 15 条（請求の併合）1 項では，「以下

---

1 ・ICC arbitration rules Article 7: Joinder of Additional Parties, Article 8: Claims between Multiple Parties, Article 9: Multiple Contracts, Article10: Consolidation of Arbitration.
 ・HKIAC arbitration rules Article 27: Joinder of Additional Parties, Article 28: Consolidation of Arbitrations; Article 29: Single Arbitration under Multiple Contracts.
 ・SIAC arbitration rules Article6: Multiple Contracts, Article 7: Joinder of Additional Parties, Article 8: Consolidation.
 ・JCAA commercial arbitration rules Article 15: Single Arbitration for Multiple Claims; Article 29: Three Arbitrators in multi-party Arbitration; Article 48: Decision on Separate Proceedings; Article 56: Third Party Joinder; Article 57: Consolidation.

の各号に掲げる場合には，複数の請求について，単一の申立てによって仲裁申立てをすることができる。」としている。

(1) 同一の手続によることにつき，当事者全員の書面による合意がある場合
(2) 申立てに係る請求のすべてが同一の仲裁合意に基づく場合
(3) 同一の当事者間において，(a) 複数の請求が同一又は同種の法律問題又は事実問題を含み，(b) いずれの請求についてもこの規則による仲裁又は JCAA における仲裁に付する旨の合意があって，(c) 仲裁地，仲裁人の数，言語等の合意内容を照らして，同一の手続で審理することに支障がないと認められる場合

同 15 条 2 項で，「請求の併合に対する異議は，被申立人が仲裁申立ての通知を受領した日から 4 週間以内に，書面により述べなければならない。この異議については，仲裁廷が第 48 条の規定に従って決定する。」としている。

同 48 条（請求の併合に対する異議申立てについての決定）1 項で，「仲裁廷は，請求の併合に対する異議申立てについて判断を示すことができる。」としており，異議申立てについては仲裁廷が決定することになる。

多数当事者仲裁での仲裁人選任においては，すべての申立人及びすべての被申立人が平等な取扱いがなされているか否かが問題となる。例えば，第 4 講Ⅳで紹介した Dutco 事件のように，多数当事者仲裁において，申立人は単独の当事者で，被申立人が複数の当事者の場合，申立人が 1 人の仲裁人を選任して，被申立人が 2 人の仲裁人を選任するとなると，被申立人の 2 当事者の利害が対立していると，複数の被申立人が 1 人の仲裁人の選任合意することが困難な場合がある。そのような場合では，利害の対立する当事者に対して，申立人と同様に 1 人の仲裁人の選任を強いることは，仲裁人の選任における平等，公正手続上の問題を含む。

JCAA 商事仲裁規則 29 条 8 項（多数当事者仲裁において仲裁人が 3 人の場合）では，多数当事者において仲裁人が 3 人の場合，申立人または被申立人が複数のとき，申立人，被申立人がそれぞれに 1 人の仲裁人を選任するが，申立人，被申人のいずれかが，仲裁人を選任しない場合は，JCAA が 3 人の仲裁人

をすべて選任するとしている。他の主要仲裁機関の仲裁規則でも，申立人，被申立人のいずれかが，仲裁人を選任しない場合は，仲裁機関がすべての仲裁人を選任するとして，当事者の平等待遇，また手続の公正性を確保している。

(2) 追加当事者の手続参加

　第三者の手続参加（joinder）とは，既に継続している仲裁手続において，第三者が追加的に当事者として仲裁手続に参加することをいう。第三者が申立人として仲裁手続に参加する場合，また，第三者が被申立人として仲裁手続に参加させる場合がある。

　JCAA 商事仲裁規則 56 条（手続参加）1 項では，「仲裁手続の当事者となっていないものであっても，以下の各号に掲げる場合には，申立人として仲裁手続に参加し，又はこの者を被申立人として仲裁手続に参加させることができる。」としている。①その者及び当事者全員の書面による手続参加に係る合意がある場合，②各申立てが，同一の仲裁合意に基づくものである場合。ただし，仲裁手続の当事者となっていない者が，仲裁廷の成立後に被申立人として参加させられる場合には，その者の書面による同意を必要とする。

　上述のケースの場合も，仲裁人の数は，当事者が仲裁人の数を合意していない場合，仲裁人の数は 3 人として，申立人，被申立人のいずれかが，仲裁人を選任しない場合は，機関がすべての仲裁人を選任するとして，当事者の平等待遇，また手続の公正性を確保している。

(3) 仲裁手続の併合

　複数の仲裁手続の併合（consolidation）とは，継続中又は提起された複数の異なる仲裁手続を同一の仲裁廷の単一手続に統合することをいう。関連する別途独立した契約から発生する複数の紛争の仲裁手続を同一の手続で審理する場合に用いられる。

　JCAA 商事仲裁規則 57 条（複数の仲裁手続の併合）では，「仲裁廷は，当事者の書面による申立てにより，以下の各号に掲げる場合で，必要があると認めるときは，継続中の仲裁申立てと他の仲裁申立て（仲裁廷の成立前のものに限

る。）とを併合して審理することができる。」としている。

(1) 当事者（当該他の仲裁申立てに係る当事者を含む。）全員の書面による合意がある場合

(2) 係属中の仲裁申立てに係る請求と，当該他の仲裁申立てに係る請求が，同一の仲裁合意に基づくものである場合。ただし，当該他の仲裁申立てに係る請求の当事者が係属中の仲裁申立てに係る請求の当事者と異なる場合，当該他の仲裁申立てに係る請求の当事者の書面による同意を必要とする。

(3) 係属中の仲裁申立てに係る請求と，当該他の仲裁申立てに係る請求が，同一の当事者間におけるものであり，(a) 同一又は同種の法律問題又は事実問題を含み，(b) いずれの請求についてもこの規則による仲裁又はJCAAにおける仲裁に付する旨の合意があって，(c) 仲裁地，仲裁人の数，言語等の合意内容に照らして，同一の手続で審理することに支障がないと認められる場合

第6講

手続の開始

　仲裁手続は仲裁申立てにより開始される。仲裁手続の開始は仲裁の重要なステップであり，各種手続期限，また，時効の中断とも関係してくる。

　第6講では，仲裁申立てとその手続，被申立人の防御となる答弁，反対請求，相殺の抗弁について，また，仲裁人，当事者が仲裁手続において考慮しておかなければならない，仲裁手続審理の基本的原則について解説する。

Ⅰ. 仲裁手続の概観

　国際商事仲裁の仲裁手続について，各国の仲裁法は，仲裁手続を規律する一連の手続上の規律を置いている。その内容は国ごとに異なるが，近年，多くの国の仲裁法が UNICTRAL 国際商事仲裁モデル法，改正モデル法を採用しており，仲裁手続のグローバル化，標準化が進んでいる。また，常設仲裁機関が備える仲裁規則も仲裁手続の国際的標準化，調和化が進んでいる。

　仲裁手続に関しては，当事者は，原則として，自由にその手続を合意することができる。仲裁廷は，仲裁手続を主宰して，手続上の問題を決定する権限を有している。ただし，強行規定，公序に関する規定に反してはならないとされる。

　仲裁手続の開始，仲裁手続について，どのような流れで進められるのだろうか。契約書に常設仲裁機関による機関仲裁の仲裁条項が規定されていて，当該契約から紛争が発生した場合を前提にして，手続の開始から仲裁判断までの仲裁手続の流れの概観を図表3で紹介する。

Ⅱ. 仲裁手続の開始 （commencement of proceedings）

　仲裁手続の開始は仲裁の重要なステップであり，各種手続期限の開始日となる。また，仲裁手続の開始日は時効の中断とも関係してくる。時効の中断は仲裁にも適用されるので，請求の対象となる債権の消滅時効が近い場合には，仲裁手続の開始日は特に重要である。

1. 仲裁手続の開始日

　仲裁手続の開始が認められるためには，仲裁付託の通知が相手方にされる必要がある。仲裁手続がいつ開始されたとされるのか，当事者は仲裁手続を有効に開始するための手続開始時期について合意することができる。

　UNCITRAL 国際商事仲裁モデル法（モデル法）及び各国の仲裁法には，

図表3　常設仲裁機関による機関仲裁の仲裁手続の概観

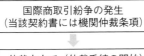

国際商取引紛争の発生
（当該契約書には機関仲裁条項）

仲裁申立て（仲裁手続の開始）

　　　　　　　　　　　← 緊急仲裁人による緊急保全措置
　　　　　　　　　　　← 申立人による申立書の提出
　　　　　　　　　　　← 被申立人への手続開始の通知
　　　　　　　　　　　← 被申立人の答弁
　　　　　　　　　　　　　①答弁書
　　　　　　　　　　　　　②反対請求の申立て
　　　　　　　　　　　　　③相殺の抗弁

仲裁人の選任（仲裁廷の構成）

仲裁審理手続　← 仲裁廷の管轄権
　　　　　　　← 仲裁廷による暫定保全措置

審理予定表の作成
（procedural orders, terms of reference）
主張書面・証拠提出

口頭審問会（証人尋問）

審理の終結　← 仲裁手続中の調停（和解）

仲裁判断（仲裁判断書の作成と当事者への送付）

「当事者間に別段の合意がない限り」として仲裁の開始日の規定を置いている。モデル法21条では，「当事者が別段の合意をしていない限り，特定の紛争に関する仲裁手続は，かかる紛争を仲裁に付託すべき申立てを，被申立人が受領した日に開始する。」としている。

　日本仲裁法29条1項では，「仲裁手続は，当事者間に別段の合意がない限り，特定の民事上の紛争について，一方の当事者が他方の当事者に対し，これを仲裁手続に付する旨の通知をした日に開始する。」としている。「通知した日」とは，民法の意思表示の到達主義の原則（民法97条1項）に従い，相手方への到達の日である。

当事者の合意の中で常設仲裁機関を利用して仲裁を行うことを合意した場合には，当該常設仲裁機関の仲裁規則が仲裁手続の準則となる。例えば，JCAA商事仲裁規則 14 条 6 項では，「仲裁手続は，仲裁申立書が JCAA に提出された日に開始されたものとみなす。」としている。アドホック仲裁では，当事者が手続規則に UNCITRAL 仲裁規則を合意している場合には同規則が手続準則となるが，同規則 3 条 2 項では，「仲裁手続は，仲裁の通知が相手方により受領された日に開始するとみなされる。」としている。

2．時効の中断

　仲裁手続において，時効の中断は訴訟に適用されるのと同様に仲裁にも適用される。時効の中断は仲裁法に規定が置かれている。例えば，日本仲裁法では仲裁手続において，請求の対象とされる債権について消滅時効が中断する効力が生ずることを定めた規定が置かれている。同 29 条 2 項では，「仲裁手続における請求は，時効の完成猶予及び更新の効力を生ずる。ただし，当該仲裁手続が仲裁判断によらずに終了したときは，この限りではない。」としている。モデル法には仲裁の開始日の規定はあるが，時効の中断の規定は置かれていない。時効については各国法制に委ねられている。

　消滅時効の期間は，3 年，5 年，6 年など各国の制度により異なり，また，仲裁の対象となる請求の内容によっても異なってくる。国際商事仲裁は，主に国境を越える紛争（cross border disputes）をその対象としているため，時効に関しては，いかなる法が適用されるのか，適用されるべき法の選択，準拠法の決定が問題となることに留意すべきである。また，時効の制度は，シビルロー諸国とコモンロー諸国では異なる。シビルロー諸国では時効は実体法上の制度であり時効（time bar）という，一方，コモンロー諸国では手続法上の制度であり出訴制限（limitation of actions）という。

3．仲裁申立ての内容

　仲裁手続の開始の通知に伴う仲裁申立ての内容については，請求の趣旨と救済だけの簡単な内容から，仲裁申立ての詳細な内容までと様々であり，適用さ

れる仲裁法，仲裁規則により要求される仲裁申立ての内容は異なる。モデル法，日本仲裁法には仲裁申立ての内容についての規定が置かれていない。主にアドホック仲裁に利用される UNCITRAL 仲裁規則，また，常設仲裁機関の仲裁規則には，具体的な記載内容が規定されている。

(1) UNCITRAL 仲裁規則による仲裁申立ての内容

UNCITRAL 仲裁規則では，仲裁の開始に必要とされる仲裁の通知には以下に掲げる事項を含むものとしている（同3条3項）。

① 紛争を仲裁に付託するとの請求

② 当事者の氏名と住所

③ 援用される仲裁条項又は仲裁付託合意

④ 紛争が発生した，または，関連する契約書

⑤ 請求の趣旨と可能な場合は請求金額

⑥ 請求する救済

⑦ 当事者が事前に合意していない場合，仲裁人の数（例えば1人又は3人）の提案

(2) 常設仲裁機関（JCAA）への仲裁申立て

常設の仲裁機関に対して仲裁申立てをする場合は，仲裁申立書の記載事項，提出物，申立料金，管理料金などの仲裁手続費用については，それぞれの仲裁機関の仲裁規則に規定が置かれている。

JCAA 商事仲裁規則に基づく仲裁申立て（同14条）における申立書の記載事項，提出すべき書類，支払うべき手続費用について紹介する。

① 仲裁申立書の内容

JCAA 商事仲裁規則による仲裁申立書に必要とされる記載内容は以下のとおりである（同14条1項）。

① 紛争をこの規則による仲裁に付託すること

② 援用する仲裁合意（仲裁人の数，仲裁人の選任方法，仲裁地及び仲裁手

続に用いる言語の全部又は一部につき当事者間に合意がある場合には，かかる合意を含む。）

③ 当事者の氏名（当事者が法人その他の団体である場合には，その名称及び代表者の氏名），住所，及び判明しているその他の連絡先（当事者が個人の場合における勤務先住所等の書面送付場所，電話番号，ファクシミリ番号及び電子メールアドレス）

④ 代理人を定める場合，その氏名，住所及びその連絡先（書面送付場所，電話番号，ファクシミリ番号及び電子メールアドレス）

⑤ 請求の趣旨

⑥ 紛争の概要

⑦ 請求を根拠づける理由及び証明方法

② 申立書の追記事項，他書類

申立書に追加的に記載することができる事項は以下のとおりである（同14条2項）。

① 仲裁人を3人とする旨の事前の合意がある場合には，申立人が選任する仲裁人の氏名，住所及びその他連絡先

② 仲裁人の数，仲裁人の選任方法，仲裁地及び仲裁手続に用いる言語の全部又は一部に関する申立人の意見

③ 本案に適用すべき準拠法に関する申立人の意見

その他の書類として，申立人は，仲裁申立書とともに仲裁合意を含む仲裁条項又は仲裁合意書の写しを，また，代理人によって仲裁手続を行う場合には，委任状をJCAA提出しなければならない（同3項，4項）。

③ 申立時に支払う費用

申立人は，仲裁申立ての際，管理料金を納付しなければならない。申立人が管理料金をJCAAに納付しないときは，仲裁申立てがなかったものとみなされる（同5項）。

④　仲裁手続中に支払う予納金の納付

　当事者（申立人，被申立人）は，手続中において，仲裁人報奨金，仲裁人費用その他仲裁手続のための合理的な費用に充当するため，JCAA の定める金額をその定める方法に従い，その定める期間内に JCAA に予納しなければならない（同 82 条 1 項）。

4．被申立人への通知

　仲裁の開始の通知は，アドホック仲裁では，申立人から被申立人に直接行われる。機関仲裁では，通常は仲裁機関から被申立人へ仲裁開始の通知がなされるが，仲裁機関によっては，当事者から直接に被申立人に仲裁開始の通知がなされる場合もある。仲裁開始の通知の手段は，訴訟とは違ってフレキシブルであり，配達証明付き郵便，クーリエ便，ファクシミリ，メールなどが利用されている。

　JCAA 商事仲裁規則 16 条 1 項では，「JCAA は，第 14 条 1 項から第 5 項までの規定（第 2 項を除く。）に適合した仲裁申立てがされたことを確認した後，遅滞なく，被申立人に対し，仲裁申立てがあったことを通知する。この通知は，仲裁申立書を添付して行うものとする。」としている。

5．被申立人の答弁

　仲裁申立ての通知を受けた被申立人は，定められた期限内に，被申立人の立場，主張，反論を述べなければならない。被申立人は，答弁において，存在する反対請求の申立て，相殺の抗弁を行うことができる。仲裁合意の成否，効力に異議がある場合には，早期に主張しなければならないので，通常，仲裁廷が仲裁権限を有しない旨の主張は答弁書に記載される。

（1）答弁書の記載事項

　JCAA 商事仲裁規則では，被申立人は，仲裁申立ての通知を受領した日から 4 週間以内に，次に掲げる事項を記載した答弁書を JCAA に提出しなければならないとしている（同 18 条 1 項）。

① 当事者の氏名（当事者が法人その他の団体である場合には，その名称及び代表者の氏名），住所及び被申立人のその他の連絡先（書面送付場所，電話番号，ファクシミリ番号及び電子メールアドレス）
② 代理人を定める場合，その氏名，住所及びその他の連絡先（書面送付場所，電話番号，ファクシミリ番号及び電子メールアドレス）
③ 答弁の趣旨
④ 紛争の概要
⑤ 答弁の理由及び証明方法

(2) 答弁書の追記事項

被申立人は答弁書に以下の事項も記載することができるとしている（同2項）。
① 仲裁人を3人とする旨の事前の合意がある場合に，被申立人が選任する仲裁人の氏名，住所及びその他の連絡先（書面送付場所，電話番号，ファクシミリ番号及び電子メールアドレス）
② 仲裁人の数，仲裁人の選任方法，仲裁地及び仲裁手続に用いる言語の全部又は一部に関する被申立人の意見
③ 本案に適用すべき準拠法に関する被申立人の意見

6. 反対請求

被申立人は，答弁と平行して，申立てに記載された契約から生じる反対請求（counter claim）の申立て，また，相殺の抗弁（set-off defense）を，定められた期間内に行うことができる。反対請求は，それ自体1つの申立てと同様であるから，その申立ての記載に関する規定が準用される。仲裁は仲裁合意に基づいて行われる手続であり，当該仲裁合意の範囲，対象外の紛争や請求を反対請求として受理し，当該仲裁手続で仲裁判断をすることはできない。

同19条1項では，「被申立人は，以下の各号に掲げる場合には，仲裁申立ての通知を受領した日から4週間以内に限り反対申立てをすることができる。」としている。

① 当事者全員の書面による合意がある場合
② 申立人の請求と反対請求が同一の仲裁合意に基づくものである場合
③ （a）申立人の請求と反対請求が同一又は同種の法律問題又は事実を含み，（b）いずれの請求についてもこの規則による仲裁又は JCAA における仲裁に付する旨の合意があって，（c）仲裁地，仲裁人の数，言語等の合意内容に照らして，同一の手続で審理することに支障がないと認められる場合

7. 相殺の抗弁

被申立人が有する申立人に対する請求権の行使には，反対請求の他に相殺を目的とする抗弁を行使する方法がある。

同 20 条では，「被申立人による相殺の抗弁の提出は，仲裁申立ての通知を受領した日から 4 週間以内に限り，書面により，することができる。」としている。

III. 仲裁手続の審理における基本原則

当事者は，仲裁廷が手続を進めるにあたって従うべき手続準則を自由に合意して定めることができる。仲裁廷は，当事者合意を前提に，自己の指揮の下，公正かつ合理的な方法で審理手続を進行させなければならない。実務上は，審理手続について，利害の対立する当事者が合意して手続を進めることは難しく，仲裁廷が審理手続の諸事項を定めて手続を進行させることになる。以下では，仲裁廷が審理手続を進行させるうえで考慮しておかなければならない仲裁手続の審理における基本的原則を紹介する。

1. 当事者自治と仲裁手続の準則

仲裁は当事者自治による紛争解決制度であり，仲裁手続の準則は当事者合意によって定められるものである。当事者間でそのような合意がないときは，仲裁廷が合理的と考える方法で仲裁手続を実施することができる。ただし仲裁が

適正かつ公正に行われることを確保する目的で，各国の仲裁法は，公序に関する規定，強行規定を設けており，当事者の合意による定めも，また，仲裁廷が実施する手続も，仲裁地の仲裁法の公序の規定，強行規定に反してはならないとされる。

仲裁法26条1項は，「仲裁廷が従うべき仲裁手続の準則は，当事者が合意により定めるところによる。ただし，この法律の公の秩序に関する規定に反してはならない。」としている。

機関仲裁が定める仲裁規則は当事者間の合意に相当する。仲裁機関が定める仲裁規則は，当事者が当該仲裁機関の仲裁規則に従う趣旨の合意をすることで，当事者合意による仲裁手続の準則となる。アドホック仲裁では，当事者が，当事者自治を行使して，手続準則を決定することができるが，UNCITRAL仲裁規則を手続準則として合意していることが多い。その場合は，UNCITRAL仲裁規則が当事者合意による手続準則となる。

2. 当事者の平等待遇

仲裁廷は，審理手続の進行において，当事者を平等に取り扱わなければならない。

仲裁廷は，仲裁手続の主宰者であり，最終の仲裁判断を下す者であるので，当事者を平等に取り扱うことは，仲裁廷の基本的義務であり，仲裁における，適正手続（due process）の最も重要な原則である。

当事者の平等待遇は，一方の当事者だけを有利に扱うことを制限するものであり，仲裁廷は，当事者に対する主張，立証の機会及びそれらの反論の機会を当事者に平等に与えなければならない。

仲裁法25条1項では，「仲裁手続においては，当事者は，平等に取り扱われなければならない。」，また，同2項で「当事者は，事案について説明する十分な機会が与えられなければならない。」としている。

当事者が仲裁手続について適当な通告を受けなかったこと，又は，その他の理由により主張，立証が不可能であったことは，仲裁判断の取消事由となる（仲裁法44条1項3号及び4号）。

3. 仲裁廷の手続指揮と迅速な紛争解決

仲裁廷は，仲裁手続において広く裁量権限を持っており，当事者合意を前提に，仲裁廷が合理的と考える方法で手続を進行させることができる。ただし，仲裁廷の権限は仲裁法の強行規定，当事者平等の原則を超えてはならない。

仲裁廷は，審理手続の指揮権を持ち，審理手続の進行を図る。当事者は，仲裁廷の指揮に服さなければならない。仲裁廷は，手続を不当に，不必要に遅らせることなく，また，公正かつ効率的な手続を進行させるために，迅速に審理手続の進行に努めなければならない。

仲裁廷は，迅速な解決を図るうえで，通常，当事者を交えて手続準備会合を開催して，審理手続の予定（審理予定表）を書面で作成する。これは，仲裁廷が行う審理手続の初期作業として重要な役割を持つ。多くの仲裁機関の仲裁規則には，仲裁廷に，審理手続の予定表の作成を義務づけている。

4. 審理手続の非公開原則

仲裁手続の非公開は仲裁のメリットの1つに挙げられる。審理手続及び仲裁判断は，原則，非公開である。審問期日においては，当事者及びこれに準ずる者以外の者は出席できない。

非公開は，営業秘密に関する事件，社外には公開したくない事件においてその意義は大きい。ただ，日本の仲裁法には，非公開の規定は設けられておらず，他国の仲裁法もほとんどが非公開の規定を設けていない。

仲裁機関の仲裁規則には，通常，非公開，秘密性の規定が設けられている（例えばJCAA商事仲裁規則42条（非公開・守秘義務））。当事者は，合意した仲裁規則の非公開，守秘義務規定に拘束されることになる。非公開，守秘義務の範囲は仲裁機関の仲裁規則により異なるが，審問期日，提出された書面，証拠，審問記録，仲裁判断は，通常，裁判所の開示命令などの法律上の要請の場合を除き，仲裁廷及び当事者の同意がない限り開示することができない。しかし，非公開，守秘義務の規定を置いていない仲裁規則，また，審理手続は非公開としても，仲裁判断については一定の条件の下で公開することができる規

定を置く仲裁規則もみられるので，そのような場合は，仲裁手続，仲裁判断の秘密性，非公開について当事者間であらかじめ合意しておくべきである。

5．仲裁地

仲裁地の決定については，当事者が合意により定めることができる。当事者の合意がないときは，仲裁廷が，当事者の利便その他の紛争に関する事情を考慮して，仲裁地を定めることになる。仲裁地が日本にある仲裁については，日本の仲裁法が適用される。

仲裁地は，一般に，仲裁事件の審理を行い，仲裁判断を行う地をいう。仲裁地はまた，物理的場所と法的な意味を含む場所の2つの概念を持つ。①物理的な場所（venue）とは，仲裁事件の審理を行う物理的な場所を意味する。②法的な意味を含む場所（place/seat）とは，仲裁手続の準拠法の基準，また，仲裁判断の取消事由，執行拒絶事由の存否の判断要素を意味する。

仲裁地は，必ずしも審理手続を行う場所を特定するものではなく，仲裁地以外の場所でも審理を進めることができる。当事者の陳述，証人及び鑑定人の陳述の聴取などを行う審問会も，当事者合意に基づき，仲裁地以外の場所で行うことができる。

仲裁人，当事者が複数の国に所在するような仲裁では，審理や仲裁人会等を仲裁地のみで行うこととすると，審理の遅延，過大な費用の負担を招くことになるので，これを避けるために，例えば，仲裁廷の評議，また，仲裁廷と当事者を交えての準備会等は，仲裁地に集合することなく，電話会議，テレビ会議，また，最近では，口頭審問会や証人尋問も Zoom や Teams 等を利用したオンライン会議により行われている。

仲裁判断書には必要的記載事項として「仲裁地」が記載される。仲裁判断書に記載される仲裁地は法的意味を含む場所として記載される。仲裁手続の準拠法に関して，仲裁地は，どの国の仲裁法が適用されるかを決定する基準となる。仲裁判断が拘束力を有するに至ったか否かは，仲裁判断がされた仲裁地の国の法律により判断され，また，仲裁判断の取消訴訟の管轄裁判所は仲裁地の裁判所となるなど仲裁地の概念は重要な役割を持つ。

6. 仲裁言語

仲裁の言語は，当事者が合意によって定めることができるが，当事者間の合意がないときは，仲裁廷は，仲裁手続に使用される言語とその使用範囲を決定しなければならない。言語の使用範囲は，通常，当事者が行う書面による陳述，通知，仲裁廷が行う書面による決定，仲裁判断，通知，また審問会における言語に及ぶ。

仲裁廷は，使用言語に書かれていない証拠書類等について，審理，判断に支障が生ずることを防止するために，それらの翻訳文を添付することを命ずることができる。仲裁においては，翻訳文を添付することは，裁判とは違って当事者の当然の義務ではなく，仲裁廷が証拠書類等の言語を理解できる場合には，翻訳文の添付を要求しないことも少なからずある。

7. 当事者の陳述の時間的制限

仲裁手続を円滑，迅速に進行させるため，当事者による陳述，証拠提出等の提出期限が設けられる。提出期限に関して，当事者間に合意がない場合は，仲裁廷がその提出期限を定める。申立人は，仲裁廷が定める期限内に，申立ての趣旨，申立ての根拠となる事実及び紛争の内容を陳述し，また，証拠を提出しなければならない。被申立人は，仲裁廷が定める期限内に，申立人が陳述した事項について，反論し，自己の主張を陳述，証拠を提出しなければならない。

機関仲裁では，通常，仲裁機関の仲裁規則において，仲裁手続の開始は，仲裁申立ての趣旨とその根拠をまとめた仲裁申立書の提出を前提としており，当事者に対して仲裁申立書を添えて仲裁申立の通知を行い，同時に，被申立人に対する答弁，反対申立てについては，その提出期限が当該規則に定められている。

8. 当事者の怠慢

仲裁手続を円滑に進めるためには全当事者が協力して手続を進めることが求められるが，一方当事者，通常，被申立人が非協力的で仲裁手続を拒否，無視

する姿勢をとることがある。仲裁廷としては，このような状況の場合にどのような手続をとるべきかが問題となる。

　当事者の怠慢による手続（default proceedings）において，申立人の怠慢による手続と被申立人の怠慢による手続が異なることに留意しなければならない。

（1）申立人の怠慢

　申立人が，申立ての趣旨，事実を陳述せず，審問期日に出席しない場合は，審理の対象が定まらず，手続を進めることができないため，仲裁手続を終了させることになる。日本仲裁法では，申立人が申立ての趣旨，申立ての根拠となる事実及び紛争の要点のいずれかの陳述をしないときは，仲裁廷は，仲裁手続を終了しなければならないとしている（仲裁法33条1項）。

（2）被申立人の怠慢

　被申立人が，仲裁廷が定めた期限内に，自己の主張を陳述しないときは，仲裁廷は，被申立人の主張を認めたものとして取り扱うことなく，仲裁手続を進行させて審理を続行したうえで仲裁判断をしなければならない。被申立人の主張の懈怠に対しては，仲裁手続では，訴訟手続における「擬制自白」は認められていないことによる。

　被申立人が，正当な理由なく，審問期日に出席せず，また，証拠等を提出しないときは，仲裁廷は，手続を進行し，審理終結して，その時までに提出された申立人の陳述及び証拠などに基づき仲裁判断をすることができる（同33条3項）。一方当事者の主張の懈怠による懈怠仲裁判断（default award）は有効な仲裁判断となる。

Column 5

仲裁手続に関するよくある Q&A

　筆者が行っている仲裁手続に関する講義，講演で，よく受ける質問・回答を紹介する。

質問1 　仲裁人の数は，なぜ単数〈1人又は3人〉なのですか。偶数〈2人又は4人〉の場合はありませんか。

回　答　仲裁人の数は原則当事者合意に基づきますので，偶数の仲裁人の数も可能です。しかし，国際仲裁では，偶数の仲裁人の数はほとんどありません。仲裁廷の議事，仲裁判断は，仲裁廷の合議により過半数で決定されます。偶数の場合，可否同数の場合にはデッドロック（行き詰まり）になります。したがって，多くの国の仲裁法，仲裁機関の仲裁手続規則では，2当事者間の場合，1人又は3人の数の仲裁人と定めています。

質問2 　仲裁手続期間はどれほどの期間を要するものが多いですか。

回　答　仲裁手続期間はケースにより異なりますが，通常は，12〜18カ月程度の期間を要します。最近では，多くの仲裁機関に迅速仲裁手続を採用した規則を備えて手続期間の短縮化を図っています。迅速仲裁手続では，例えば，仲裁廷が構成されてから6カ月あるいは3カ月以内の期間で手続が終了します。

質問3 　海外の人と一緒に仲裁手続を行う場合に，使用言語はどの言語を使うのでしょうか。

回　答　仲裁に使用する言語は，仲裁法，仲裁機関の仲裁規則によりますが，原則，当事者間の合意でいずれの言語も可能です。実務的には，国際仲裁の言語は英語が主流です。仲裁地の言語が利用されることも少なからずあります。その場合，外国籍の仲裁人が含まれる場合は通訳が

つきます。

質問4 仲裁人になるためには，何か特定の資格は必要ですか。

回　答　仲裁人は当事者から独立した，公正，中立な存在でなければなりません。仲裁人の職業的資格は原則ありません。当事者の合意によりいかなる職業の仲裁人も選任することはできます。ただし，国の仲裁法によっては，仲裁人に一定の資格条件を課していることもあります。

第7講

仲裁手続

　仲裁人が選任されて仲裁廷が構成されると，仲裁廷による仲裁審理手続が始まる。仲裁手続は非公開であり，審理手続の内容についてはあまり知られていない。

　第7講では，仲裁廷が進める仲裁手続，準備手続会，審理予定表の作成，文書開示手続等について解説する。

Ⅰ. 仲裁審理手続

　仲裁審理手続は非公開であり，審理手続がどのように行われているのか一般には知られていない。申立人から仲裁申立てがあり，仲裁開始の通知を被申立人に行い，被申立人からは答弁書，証拠等が提出され，そして仲裁人が選任されて仲裁廷が構成されると，仲裁廷による仲裁審理手続が始まる。仲裁廷はどのように審理手続を進めていくのか，その進め方について紹介する。

1. 審理手続の原則

　仲裁は当事者自治による解決手続であり，仲裁手続は，原則，当事者が合意することでその手続ルールを決定することができる。審問その他の審理手続は，仲裁廷の指揮のもとで行われる。

　仲裁廷は，当事者を同等に取り扱い，また，手続の適宜な段階で，各当事者が事案について意見を述べる相当な機会が与えられることを条件として，適切であると考慮する方法で審理手続を進めることができる。仲裁廷は，その裁量権を行使するにあたり，不必要な遅滞と費用を回避し，当事者の紛争を解決するために，公平で効率的な手続の進行を行わなければならない[1]。審理手続を進めるうえで，仲裁廷は常に仲裁手続の審理における基本原則（第6講Ⅲ参照）に留意して適正手続（due process）に努めなければならない。

　審理手続の進行，構成に関しては，仲裁廷は，機関仲裁では，当事者が合意した常設仲裁機関の仲裁規則の手続ルールに従って行うことになる。アドホック仲裁では，当事者がUNCITRAL仲裁規則に合意していれば，同手続ルールに従って行うことになる。仲裁廷が主宰する手続は，仲裁地の仲裁法の公の秩序に関する規定，強行規定に反してはならない。

---

1 UNCITRAL Arbitration Rules, 2010, Section III, Article 15 [General Provisions].

2. 仲裁廷が進める審理手続

仲裁人が選任され，仲裁廷が構成されると，仲裁廷は，申立人，及び被申立人から提出された申立書，答弁書，反対申立書，相殺の抗弁及びそれらに添付された証拠等と仲裁合意等を確認し，また，紛争の内容，当事者の主張，争点等について確認，検討して，審理手続の審理計画を立てなければならない。

国際商事仲裁のグローバル化，標準化は進行しているが，審理手続の進め方，そのスタイルは，大陸法系文化とアングロサクソン法系文化により異なり，仲裁廷が行う手続の進め方は多岐，多様で，その内容及びスタイルは，仲裁事案ごとに微妙に異なりがちである。

仲裁廷が審理手続の準備，構成を検討，確認，決定しなければならない手続事項は広範囲に及ぶ。仲裁廷は，仲裁手続に適用される仲裁法，仲裁手続準則となる仲裁規則，当事者間の合意事項等を検討し，当事者と協議したうえで審理手続の準備，構成を行わなければならない。

仲裁審理手続において検討，確認，決定されるべき事項は，例えば，仲裁地，仲裁手続の準拠法，実体法の準拠法，仲裁廷の管轄権，争点の整理，決定，命令事項，請求の趣旨の明確化，書証，書証以外の物的証拠，文書開示手続等多岐にわたる。

仲裁廷及び当事者が審理手続の準備，構成，手続を進めるうえで検討，考慮すべき事項をリストにまとめたガイドラインとして，国連国際商取引法委員会（UNCITRAL）は"the Notes on Organizing Arbitral Proceedings"（UNCITRAL Notes）[2]を公表している。UNCITRAL Notes はアドホック仲裁，及び機関仲裁にも利用でき，仲裁廷，当事者が仲裁審理準備，構成，手続を進めるうえで参考になる。

仲裁廷の手続遂行に必要とされる管理サービス事務については，例えば，審問室の手配，当事者との間の通信事務，その他秘書的事務等を行う事務局の確

---

[2] UNCITRAL, the Notes Organizing Arbitral Proceedings (2016). UNCITRAL Notes は1996年に採択され，2016年に改定版が公表されている。

保が必要となる。機関仲裁では，通常，仲裁機関の事務局（secretariat）が管理サービスを提供することになる。仲裁機関の事務局がそのような管理サービスを提供しない場合，また，アドホック仲裁の場合，仲裁廷が手続の管理事務を自ら行うことになる。これらの管理事務を行う仲裁廷の補助者（tribunal secretary）を当事者の合意を前提に採用することも行われている。

3. 準備手続会（preliminary meeting）

仲裁廷は，手続の早期の段階で，審理手続事項等を当事者と協議するために，通常は，当事者を交えての会合が設けられる。この会合を準備手続会という。準備手続会の開催は，仲裁人と当事者が開催地に集合して同席で行うが，仲裁人，当事者の居所が国境を越えて，遠隔地に所在する場合は，テレビ会議や電話会議等を利用しての準備手続会が行われることが多くなっている。また，近年では，Zoom，Teams 等を利用したオンライン会議が主流になってきている。

4. 準備手続会での協議，確認，決定事項

準備手続会においては，仲裁廷が仲裁手続を進行させるうえで確認，決定しなければならない事項について当事者を交えて協議される。仲裁廷が決定，確認しなければならない重要事項としては以下の事項が含まれる。

① 仲裁手続の準則の確認，決定
② 仲裁合意の確認
③ 仲裁地と仲裁手続準拠法の確認，決定
④ 実体準拠法の確認，決定
⑤ 使用言語の確認，決定
⑥ 一方の申立てによる仲裁廷の管轄権の有無についての判断
⑦ 一方の申立てによる仲裁廷による暫定保全措置命令の判断
⑧ 文書開示の要否とその範囲，方法の決定
⑨ 主張書面，書証，証拠等の提出期限の設定
⑩ 争点の整理，決定，命令事項，請求の趣旨の確認

⑪ 口頭審問の要否の決定
⑫ 証人尋問の要否の決定

その他の管理事務的な事項としては以下の事項が含まれる。
① 審問期日の予定
② 当事者と仲裁廷との間の書面による通信の手順
③ 書類送付のためのファクシミリ，他の電子通信手段の確認
④ 主張書面，書証の実務細則（提出方法，写し，書証番号，参照番号，他）
⑤ 費用の納付（管理料金，仲裁人報奨金，仲裁人費用，その他仲裁手続のための合理的な費用に充当させるための費用）の確認
⑥ 仲裁に関する情報の秘密性（手続の非公開，証拠，書面及び口頭の陳述，仲裁が行われている事実，仲裁判断，他）の確認

以上のような項目が準備手続会において仲裁廷と当事者との間で協議され，協議の結果，確認，判断，決定された事項がまとめられて，審理予定表（procedural order），または付託事項書（terms of reference）が作成される。

II. 審理予定表（procedural order），付託事項書（terms of reference）

1. 審理予定表

　国際商事仲裁では，多くの仲裁機関において，仲裁廷に対して，手続の早期の段階で，当事者と協議して，審理事項，審理手続の進め方などの審理手続の予定を書面により審理予定表（英語では procedural order，又は provisional timetable という）を作成することを推奨又は義務付けている。JCAA 商事仲裁規則 43 条 2 項では，「仲裁廷は，前項の目標を達成するため，できる限り速やかに，ビデオ会議，書面の交換その他の仲裁廷が定める方法により当事者と協議を行い，必要かつ可能な範囲で，審理手続の予定を書面により作成し（以

下「審理予定表」という。），当事者及び JCAA に送付しなければならない。」
としている。

　仲裁廷と当事者は，通常，準備手続会で協議して審理予定表を作成し，それ
に従って審理手続を進めることになる。審理予定表は，手続の早期の段階にお
いて作成されるので，暫定的なものとして扱われるものであり，手続が進行
し，紛争全体が明らかになるに従って，さらなる予定表が作成され，また，変
更の必要性が生じた場合には，仲裁廷は，当事者の意見を聴いたうえで，その
スケジュールを随時変更することができるものであり，通常，審理予定表には
仲裁廷がスケジュールを変更できる規定が設けられる。JCAA 商事仲裁規則
43 条 3 項では，「仲裁廷は，当事者の意見を聴いて，前項の審理予定表を随時
変更することができる。」としている。

　審理手続を効率的に進めるためには当事者の協力が不可欠であり，不熱心な
当事者がいる場合の取扱いが問題となる。同規則 45 条 2 項では，一方の当事
者が審理予定表を遵守せず，正当な理由なく定められた期間内に主張書面，証
拠書類を提出しない，また，審問期日に出席しない場合であっても，仲裁廷
は，審理手続を進行し，又は審理を終結して，その時までに収集された証拠に
基づいて仲裁判断をすることができるとしている。

2.　付託事項書

　国際商業会議所（ICC），シンガポール国際仲裁センター（SIAC）は，付託
事項書の作成を義務付けている。最近の仲裁手続の実務においては，付託事項
書の作成を採用するケースが増えており，ICC 以外の他の仲裁機関でも，付託
事項書の作成を推奨又は義務付けている仲裁規則がみられる。JCAA 商事仲裁
規則 46 条 2 項では，「仲裁廷は，効率的な審理を実現するため相当と認めると
きは，当事者の意見を聴いて，当事者が仲裁廷に求める事項及び主たる争点を
記載した付託事項書を作成することができる。」としている。

　付託事項書（terms of reference）は，ICC 仲裁の特徴の 1 つに挙げられ審
理手続上の必要条件である。ICC 仲裁規則では，仲裁廷は，事務局から一件書
類を受領してからできるだけ速やかに，提出された書面に基づいて付託事項を

明確にする terms of reference を作成しなければならないとしている。terms of reference には以下の事項が含まれる。

① 当事者及び仲裁においてされる通知及び伝達される当事者の住所
② 当事者の申立ての概要，及び，求める救済の概要
③ 仲裁廷が不適切と思料しなければ，判断すべき争点の明示
④ 仲裁人の氏名，住所及びその他の連絡先
⑤ 仲裁地
⑥ 適用すべき手続規則の詳細，及び，仲裁廷に友好的仲裁人として行動する権限又は衡平と善に基づき決定する権限が付与されている場合にはその権限

terms of reference は仲裁廷及び当事者による署名を要件とする。terms of reference は一件書類が仲裁廷に送付された日から2カ月以内に ICC Court of Arbitration に送付して ICC Court of Arbitration から承認を受けなければならないとされる。また，terms of reference に仲裁廷，当事者が署名し，ICC Court of Arbitration により承認された後は，仲裁廷が認めない限りは，当事者は terms of reference を超える新たな申立てはできないとされる。

III. 文書開示手続（documents production）

国際商事仲裁では文書開示手続が採用されることがある。特にアングロサクソン法系のアプローチによる場合は文書開示手続が採用される。その手続については，原則，当事者間の合意によるが，当事者間に合意がない場合は，仲裁廷に広い裁量権が与えられている。文書開示手続は早期の段階で行われる。一般的には，準備手続会で文書開示手続を採用するか否かを決定して口頭審問会の前に文書開示手続が行われる。

1. 文書開示手続とは

国際商事仲裁では，アメリカ仲裁協会（AAA）／国際紛争解決センター

（ICDR）など一部の仲裁機関を除き [3]，各国の仲裁法，各仲裁機関は，文書開示手続の方法に関しては具体的なガイドラインや詳細な規則は備えていない。例えば，JCAA 商事仲裁規則 54 条 4 項では，「仲裁廷は，当事者の書面による申立て又は職権により，一方の当事者の所持する文書の取調べの必要があると認めるときは，その当事者の意見を聴いた上で，提出を拒む正当な理由があると仲裁廷が認める場合を除き，その提出を命じることができる。」としており，同条項は仲裁廷が文書開示命令を出す根拠規定となっている。しかし，文書開示手続の方法などについての詳細手続規定は設けられていない。

文書開示手続を行うか否か，また，文書開示手続をどのような手順で，またどこまでの範囲で行うかについては，当事者との協議を前提に，仲裁廷が広い裁量権をもって取り決めることになる。仲裁廷は，準備手続会で当事者と協議のうえで，文書開示手続を採用するのか否か，採用する場合は，その期間及び範囲，方法等を決定する。

国際商事仲裁で採用される文書開示手続は，通常，限定的な証拠開示手続（limited discovery）である。証拠開示手続（discovery）はアメリカやイギリスなどのアングロサクソン法系諸国での民事訴訟手続で利用されており，事実審理の前に，その準備のために，当事者が互いに，法廷外で，事件に関する手持ちの証拠，情報を開示し合い収集する手続をいう。アメリカにおける民事訴訟の証拠開示手続では，証言録取（deposition），質問書（written interrogatory），文書等の提出（production of documents）等を含む広範囲の証拠開示が含まれ，当事者に証拠開示義務を課している。

国際商事仲裁においては，仲裁人，代理人及び当事者がコモンロー法系諸国の国籍の場合は，通常，文書開示手続が行われている。大陸法系諸国では，当事者は自己の保有する文書のみに依拠でき，自己に有利な証拠だけを提出して，不利な証拠は提出せずに済むため，当事者の文書開示義務は限定的になる。大陸法系の教育を受けた仲裁人，代理人，当事者による仲裁手続では，文

---

3 ICDR Guidelines for Arbitrators Concerning Exchanges of information.

書開示を採用しないで審理手続を進行させることも少なからずある。

　国際商事仲裁で文書開示手続を採用するか否かは，仲裁廷，代理人及び当事者の背景にある法文化が影響する。最近の傾向としては，文書開示手続が広く普及してきており，同手続を採用するケースが増えている。

2．IBA 国際仲裁証拠調べ規則

　文書開示手続については仲裁廷に裁量権限が多くあり，通常，仲裁廷が文書開示の具体的手続を取り決めることになるが，仲裁法，仲裁機関の仲裁規則には，通常，文書開示の具体的手続規定が設けられていないので，手続を進行するうえで仲裁廷が依拠する文書開示手続規則または参考となるガイドラインが必要となる。

　仲裁廷が依拠する文書開示手続に関する規則，ガイドラインとして，"IBA Rules on the Taking of Evidence in International Arbitration"「IBA 国際仲裁証拠調べ規則」（以下，IBA 証拠規則という）が参考になる[4]。

　IBA 証拠規則は，文書開示だけでなく，事実証人，当事者選定専門家証人，仲裁廷選定専門家証人，検証などを含む証拠調べの規定が置かれている。

　IBA 証拠規則の利用の方法としては，次のようなものがある。

① 仲裁手続に入ってから当事者間で IBA 証拠規則の採用を合意する

② 仲裁廷が，IBA 証拠規則を文書開示手続の規則として，また，ガイドラインとして利用する決定をする

③ 当事者が交わす契約書に含まれる仲裁条項にあらかじめ IBA 証拠規則を採用する旨の合意規定を設ける

　当事者間の契約書に含まれる仲裁条項に IBA 証拠規則の採用規定を設ける際の参考となる条項を以下に示す。なお，下記の条項では，IBA 証拠規則を

----

4 IBA Rules on the Taking of Evidence in International Arbitration は国際法曹協会（IBA）が1999 年に策定し公表され，国際商事仲裁の証拠調べに関して重要な役割を果たしてきている。同ルールは 2010 年，2020 年に改定版が公表されている。

手続規則として，又はガイドラインとして採用するかを選択することになる。

"In addition to the authority conferred upon the arbitral tribunal by the arbitration rules, the arbitral tribunal shall have the authority to order production of documents in accordance with（or taking the guideline from）the IBA Rules on the taking of Evidence in International Arbitration. 2020."

（仲裁規則により仲裁法廷により授与された権限に加えて，仲裁法廷は，IBA 国際仲裁証拠調べ規則 2020 年に従い（又はガイドラインとして）文書提出を命ずる権限を有する。）

3. 文書開示手続の進め方

　仲裁廷は，効率的，経済的及び公正な証拠調べ手続について合意するために，手続中できる限り速やかにかつ適切な時期に当事者と協議し，また当事者相互の協議を促さなければならない（IBA 証拠規則 2 条 1 項）。協議においては，文書の提出について適用される要件，手続及び形式，また仲裁における証拠に対して与えられる秘密保護の程度を含み，証拠調べの範囲，時期，方法などが協議される。

　文書開示手続では，まずは，当事者間同士で相互に文書開示を行うことになる。一方の当事者が相手当事者に文書提出要求があり，相手当事者はその要求に従って情報を提出する。相手当事者が，その文書提出要求に対して，何らかの理由により提出を拒否する場合には，一方当事者は，仲裁廷に相手当事者に対する文書提出の命令を求めることになる。仲裁廷は，相手当事者の意見を聴いたうえで，その情報の提出の是非を判断して，必要である場合には提出命令を出すことになる。

(1)「文書」,「文書提出」の定義

　文書開示手続において，当事者または仲裁廷が提出要求する「文書」は，具体的には，例えば，当事者間で交換された手紙，Fax，E-mail，契約文書，付随書，議事録，交渉及び電話の記録，財務諸表，帳簿，倉庫証券，船荷証券，貨物荷受証，品質証明書，許可証，免許状の他，CD，DVD，USB メモリー，

フロッピー等も書面に含まれる。

　IBA証拠規則の定義規定では，「文書」（documents）とは，紙媒体又は電子的方法，視覚的方法，聴覚的方法もしくはその他の方法のいずれかの方法による，記録又は保存されているかを問わず，あらゆる種類の書面，画像，描写，プログラム又はデータをいう。「文書提出要求」（request to produce）とは，他の当事者に対して文書の提出を求める，当事者が行う書面による要求をいう。

(2) 文書提出要求の範囲

　IBA証拠規則では，各当事者は，仲裁廷が定めた期間内に，仲裁廷及び他の当事者に対し，既に他の当事者から提出されているものを除き，公文書及び公知文書を含む，自らが依拠する入手可能なすべての文書を提出しなければならない（同規則3条1項）として，相手当事者に対する文書提出要求に関して，いかなる当事者も，仲裁廷が定めた期間内に，仲裁廷及び他の当事者の双方に対し，文書提出要求を提出することができる（同規則3条2項）としている。

　同規則3条3項では，文書提出要求には，以下の事項を含むものとすると定めている。

(a)（ⅰ）特定可能な程度の各文書の表示，又は（ⅱ）存在することが合理的に認められる対象文書の十分に限定かつ特定されたカテゴリーの表示（文書の趣旨等）。ただし，対象文書が電子的形式で保存されているときは，文書提出要求を行った当事者は，特定のファイル名，検索条件，個人名，又は効率的かつ経済的に対象文書を検索するための他の方法により特定することができ，また，仲裁廷は同様の特定を命じることができる。

(b)対象文書が，どのように当該仲裁事件と関連性を有しており，かつ当該仲裁事件の結果にとって重要であるのかについての記述。

(c)（ⅰ）文書提出を行った当事者が対象文書を所持，管理もしくは支配していない旨の記述，又は文書提出要求を行った当事者が対象文書を提出する場合に当該当事者にとって不合理な負担となる理由の記述，及び

（ⅱ）文書提出要求を行った当事者において他の当事者が対象文書を所持，管理又は支配していると信じる理由の記述。

　同規則３条２項で，自ら依拠する入手可能すべての文書を提出しなければならないとして，同３項では，文書提出要求の要件を規定している。特に，同３項（b）で定める「対象文書が，どのように当該仲裁事件と関連性を有しており，かつ当該仲裁事件の結果にとって重要であるのかについての記述」は重要な規定として挙げられる。
　文書提出要求を行う当事者は，仲裁事件と「関連性を有していること（relevant）」，及び対象文書が仲裁事件の「結果にとって重要であること（material）」を証明しなければならない。また，仲裁廷は，「関連性を有していること」，「結果にとって重要であること」を判断根拠とすることになる。

4．文書提出要求拒否の対応

　文書提出要求を受けた当事者は，提出要求された文書の全部又は一部を提出するか，又は要求された文書の全部又は一部の提出を拒否するかのいずれかの対応を行うことになる。
　文書提出要求に対して提出の拒否があった場合，提出要求を拒否された当事者は，提出すべきか否か争いがある文書について，仲裁廷に提出命令の判断を求めることができる。仲裁廷は，証拠としての許容性，取調べの必要性及びその証明力について判断する。仲裁廷は，その文書を取り調べる必要があると認め，相手当事者に提出を拒む正当な理由がないときには，その提出を命じることになる。
　文書提出要求を受けた当事者は，仲裁廷が定めた期間内に，他の当事者に対し，さらに仲裁廷の命令があれば仲裁廷に対し，自ら所持，管理又は支配するすべての対象文書のうち異議のないものを提出しなければならない。

5．文書提出拒否の事由

　仲裁廷は，当事者の申立て又は職権により，仲裁廷が適用されると判断した

法令もしくは倫理規則上の法的障害又は秘匿特権がある場合，違法に得られた証拠，また手続の経済性，均衡，当事者の公正又は公平の考慮によりやむを得ないと判断したものは，文書，陳述書，証言又は検証結果を証拠又は提出物から排除しなければならない。

IBA 証拠規則9条2項では，「仲裁廷は，当事者の申立て又は職権により，以下の事由があるときは，文書，陳述書，証言又は検証結果の全部又は一部を証拠又は提出物から排除しなければならない。」としている。

(a) 当該仲裁事件との十分な関連性の欠如又は当該仲裁事件の結果にとっての重要性の欠如

(b) 仲裁廷が適用されると判断した法令もしくは倫理規則上の法的障壁又は秘匿特権

(c) 証拠の提出要求に応じることが不合理な負担となるとき

(d) 文書の紛失又は毀損が合理的に示されたとき

(e) 営業上又は技術上の秘密であるとの理由により，仲裁廷がやむを得ないと判断したもの

(f) 政治的にあるいは機関において特別にセンシティブ（政府又は公的国際機関において秘密として扱われている証拠を含む）であるとの理由により，仲裁廷がやむを得ないと判断したもの

(g) 手続の経済性，均衡，当事者の公正又は公平の考慮により，仲裁廷がやむを得ないと判断したもの

6. 文書提出手続の具体的方法―"Redfern Schedule"

文書開示は，実務上，仲裁廷が当事者からの文書提出要求の手続を進めるうえで，通常，"Redfern Schedule" 方式を用いて行われている。"Redfern Schedule" は，仲裁人として著名な Mr. Alan Redfern が考案した方式である。

"Redfern Schedule" 方式では，手続を一覧表にして，①文書提出要求における対象文書，②要求の根拠，③相手方の立場，異議，④仲裁廷の判断の記載欄を設けたものである。当事者は文書開示手続の経緯をこの一覧表にまとめて仲裁廷に提出し，相手当事者の文書提出の拒否に対して仲裁廷に文書提出命令を

求める。仲裁廷はこの一覧表をみて，必要な場合は，当事者に釈明を求めて，当事者の意見を聴いたうえで文書提出命令を行うか否かを判断する。

第8講

口頭審問，証拠調べ
期日，迅速仲裁手続

　仲裁手続の審理方法には，書面審理と口頭審理がある。
通常は，書面審理と口頭審理を併用して実施される。口
頭審理では，当事者による口頭審問，証人尋問が実施さ
れる。

　第8講では，口頭審問の実施方法について，審問会の
当事者への通知，審問会の方法について，また，仲裁手
続を迅速かつ経済的な解決を目的とした迅速仲裁手続に
ついて紹介する。

Ⅰ. 口頭審問

　仲裁手続における審理の方式には，書面審理と口頭審理がある。国際商事仲裁においては，書面審理と口頭審理の組み合わせの方式が一般的である。ケースによっては，例えば，紛争金額が比較的低額で単純な紛争の場合には，迅速仲裁手続（expedited procedures）が利用されることがあるが，口頭審理を行わないで書類審理のみの手続で仲裁判断を下すこともある。

　口頭審理とは，仲裁廷及び当事者が期日を開催して，弁論及び証拠調べを口頭で審理を行う手続をいう。書面審理とは，弁論及び証拠調べを提出される書面に基づいて審理を行う手続をいう。

1. 口頭審問の実施

　仲裁法，仲裁規則では，当事者が口頭弁論，証人や専門家証人（鑑定人）の証人尋問を目的とする口頭審理を実施することを認めている。

　口頭審理を実施するか否か，口頭審理を実施しないで書面審理だけにするかは，仲裁手続上の重要な問題である。口頭審理を実施するか，または，書面審理のみで手続を遂行するかについては当事者合意による。仲裁廷は，当事者合意がない場合は，当事者の意見を聴いたうえで，口頭弁論，証人尋問等の口頭審理を行うか否かを決定する。

　仲裁廷が口頭審理を実施しないで，書面審理のみの手続を選択，決定した場合でも，当事者の一方が仲裁廷に口頭審理の申立てをした場合には，仲裁廷は口頭審理を実施しなければならない。

　日本仲裁法32条（審理の方法）1項では，「仲裁廷は，当事者に証拠の提出又は意見の陳述をさせるため，口頭審理を実施することができる。ただし，一方の当事者が第34条第3項の求めその他の口頭審理の実施の申立てをしたときは，仲裁手続における適切な時期に，当該口頭審理を実施しなければならない。」としている。また，同2項で，「前項の規定は，当事者間に別段の合意がある場合には，適用しない。」としている。

UNCITRAL 国際商事仲裁モデル法（モデル法）24 条 1 項では，「この規定と異なる当事者の合意に反しない限り，仲裁廷は，証拠提出のため，又は口頭弁論のために審問を行うか又は手続を文書その他の資料に基づいて進めるかを決定しなければならない。ただし，当事者が，審問が行われるべきではない旨の合意した場合を除き，当事者の申立てがあれば，仲裁廷は，手続の適当な段階でかかる審問を行わなければならない。」としている。

JCAA 商事仲裁規則 50 条（審問の要否の決定）1 項では，「仲裁廷は，仲裁手続を，審問を行って進めるか，又は文書その他の資料のみに基づいて進めるかを決定しなければならない。ただし，手続の適当な段階でいずれかの当事者の申立てがあれば，仲裁廷は審問を行わなければならない。」としている。また，同 2 項で，「審問において証人尋問を行うか否かは，当事者の意見を聴いた上で，仲裁廷が決定をする。」としている。

2．口頭審問会の準備と通知

国際商事仲裁では，口頭審問会の実施は，通常，申立人，被申立人の文書提出が行われた後に実施される。審問期日においては，申立人，被申立人の口頭陳述，書証，証拠物の提出，確認，そして証人，専門家証人（鑑定人）の証人尋問が行われる。口頭審問会準備において留意すべき事項を紹介する。

（1）審問の予定日と場所

仲裁廷は，当事者の意見を聴いたうえで，口頭審問会をどこで，いつ行うのかを決定しなければならない。審問の予定日については，仲裁廷は，当事者の意見を聴いたうえで決定することになる。

審問会の場所は，当事者の合意があればその合意された場所となる。当事者の合意がない場合は仲裁廷が決定することになる。

審問会の場所は，「仲裁地」（seat/place）で行う場合もあれば，または別の場所（venue）で行うこともある。例えば，仲裁地はソウルであるが，口頭審問会，証人尋問は大阪の某ホテルで開催されたこともある。審問会の場所は仲裁地に拘束されることはない。仲裁法，仲裁規則では，仲裁廷に仲裁地以外の

場所で審問会を開催することができる権限を与えている。

　日本仲裁法28条3項では，「仲裁廷は，当事者間に別段の合意がない限り，前2項の規定による仲裁地にかかわらず，適当と認めるいかなる場所においても，次に掲げる手続を行うことができる。」としている。

　① 合議体である仲裁廷の評議

　② 当事者，鑑定人又は第三者の陳述の聴取

　③ 物又は文書の見分

　モデル法20条2項にも実質的に同様の規定が置かれている。

　JCAA商事仲裁規則51条1項では，「審問の予定日時及び場所は，仲裁廷が当事者の意見を聴いた上で決定する。審問が2日以上にわたる場合には，できる限り連続する日に開かなければならない。」としている。

(2) 審問期日の通知

　仲裁廷は，審問会の予定日及び場所が決定されたときは，当事者に準備の機会を与えるために，相当な期間をおいて，当事者に対して当該審問期日の日時及び場所を通知しなければならない。

　日本仲裁法32条3項では，「仲裁廷は，意見の聴取又は物若しくは文書の見分を行うための口頭審理を行うときは，当該口頭審理の期日までに相当な期間をおいて，当事者に対し，当該口頭審理の日時及び場所を通知しなければならない。」としている。

　なお，当事者に対する審問会の開催通知を欠いた場合，また，開催通知を，当事者が準備をするのに必要な期日までの相当な期間に与えていなかった場合，仲裁手続において当事者に必要とされる通知がなされなかったとして仲裁判断の取消事由とされるおそれがある（仲裁法44条1項3号）。

3. 審問会の方法―リアル開催かリモート開催か

　仲裁廷は，当事者の意見を聴いたうえで，口頭審問会をリアル開催とするか，ZoomやTeamsを利用してリモート開催とするか，リアル開催とリモー

ト開催のハイブリッド形式の開催とするかを選択，決定することができる。最近では，Covid-19 の影響から，また，遠隔地に所在する当事者，証人，専門家証人の利便性，リアル開催に要する費用の節約等の理由から，口頭審問会，証人尋問をリモート開催で行うことが増えており，リモート開催の比重が増大している。

各仲裁機関も，リモート開催の需要に対応すべく，仲裁規則にリモート開催を可能にする規定を置いて，また，リモート開催に対応する機器を備えてリモート開催の体制を整えている。

UNCITRAL 仲裁規則 28 条 4 項では，「仲裁廷は，専門家証人を含む証人が審問会に身体的に現存することを求めない遠隔通信の手段により尋問されることを命じることができる。」としている。JCAA 商事仲裁規則 50 条 3 項では，「審問を行う場合，仲裁廷は，ビデオ会議その他の方法も選択肢に入れて，適切な方法を選択するものとする。」としている。

仲裁廷，当事者は，リモート開催を実施するうえで，異なる地域で扱われる技術的手段，機器を使って，リモート審問期日を効率的，かつ公正に行うための適切な措置を講じることが求められる。

IBA 国際仲裁証拠調べ規則（以下，IBA 証拠規則という）の定義では，「リモート審問期日（Remote Hearing）とは，期日の全部もしくは一部について，又は一定の参加者についてのみ，電話会議，テレビ会議又はその他の通信技術を用いることで，2 カ所以上に所在する者が同時に参加できるようにして実施される期日をいう。」としている。

同規則 8 条 2 項では，「仲裁廷は，当事者の申立て又は職権より，両当事者と協議のうえ，証拠調べ期日をリモート審問期日として行うことを命ずることができる。その場合，仲裁廷は，リモート審問期日を効率的かつ公正に，及び可能な限り意図せず中断することのないように行うためにリモート審問期日プロトコル（a Remote Hearing Protocol）を定めるべく，両当事者と協議しなければならない。当該プロトコルは以下の事項を対象とすることができる。」としている。

（a）使用される技術

(b) 当該技術の事前テスト又は当該技術の使用についての事前トレーニング

(c) 開始時期及び終了時間（参加者が所在する地のタイムゾーンを特に考慮する

(d) 証人又は仲裁廷に文書を提示する方法

(e) 証言を行う証人が不適切に影響され又は集中を妨げられないことを確保するための措置

4. 当事者出席の原則，当事者懈怠の対応

仲裁は当事者自治による解決手段であり，仲裁手続の進行は当事者の協力が不可欠である。しかし，当事者の一方が非協力的で，仲裁手続を無視，拒否する場合がある。仲裁廷が，申立人，被申立人に対して審問期日開催の通知をしたが，期日に出席せず，また証拠書類なども提出しなかった場合に，仲裁廷はどのように対処するべきかが問題となる。

仲裁法，仲裁規定には欠席手続（default proceeding）の規定が置かれている。万が一当事者が期日に出席しなくても，仲裁廷は当事者欠席のまま手続を進行させて，仲裁判断を下す権限がある。

日本仲裁法33条3項では，「仲裁廷は，一方の当事者が口頭審理の期日に出頭せず，又は証拠書類を提出しないときは，その時までに収集された証拠に基づいて，仲裁判断をすることができる。」としている。モデル法25条（b）も実質的に同一の内容である。

JCAA商事仲裁規則52条1項では，「審問は，すべての当事者の出席の下に開くことを原則」として，同2項で，「当事者の一部又は全部が欠席した場合には，その欠席のまま審問を開くことができる。」としている。

II. 証拠調べ期日

仲裁廷は，当事者の意見を聴いたうえで，証人尋問を行うか否かを，また，行う場合は，いつ，どこで，どのような方法で行うかを決定する。実務的に

は，仲裁廷と当事者が証人尋問の手順について協議，合意して，証人尋問の手続，手順の予定表を作成する。

証人尋問の手順としては，実務的には，当事者は仲裁廷と他の当事者に対して，証人の名前，住所，経歴，証人の使用言語などを記載した証人尋問申請書を提出する。仲裁廷は，当事者の意見を聴いたうえで，その証人の採否を決定し，証人尋問での使用言語，通訳の要否，録音，速記等の手配等を取り決める。証人尋問の日程については，国際商事仲裁では，証人が遠隔地に居住している場合が多く，リアル開催の場合には，数日間を通して集中的に証人尋問が開催することが多い。証人尋問では，通常は，まず主尋問（direct examination）が行われ，その後に反対尋問（cross examination）が行われる。そして，仲裁廷からの証人に対する質問がなされる。証人尋問の時間短縮のために申請当事者からの証人陳述書（witness statement）を提出させることが多い。証人陳述書が作成される場合は，通常，主尋問は短い時間で済ませて，反対尋問に多くの時間が割かれる。

証拠調べ期日については，その手順，手続について具体的な規定を置いている IBA 証拠規則が参考になる。同規則8条では，「各当事者は，仲裁廷が定めた期間内に，仲裁廷及び他の当事者に対し，出席を求める証人について通知しなければならない。各証人（本条においては事実証人及び専門家証人が含まれる）は，第8.3条に従い当事者又は仲裁廷により出席を求められたときは，証言のために証拠調べ期日に出席しなければならない。」としている。

証人尋問の手順に関して，同規則8条4項で，以下に紹介する証拠調べ期日における証人尋問の手続，手順の規定を置いている。

 (a) 原則として，申立人が，申立人の証人に対し証人尋問を先に行い，その後，被申立人が，被申立人の証人に対し証人尋問を行うものとする。

 (b) 主尋問の後で，他の当事者は，仲裁廷が決定する順番に従って，当該証人に対し反対尋問を行うことができる。主尋問を行った当事者は，他の当事者が行った反対尋問においてあらわれた事項について，再主尋問を行う機会を有する。

 (c) 事実証人に対する尋問の後で，原則として，申立人が，申立人の当事者

選定専門家証人に対し証人尋問を先に行い，その後，被申立人が，被申立人の当事者選定専門家証人に対し証人尋問を行うものとする。当事者選定専門家証人に対し主尋問を行った当事者は，他の当事者が行った反対尋問においてあらわれた事項について，再主尋問を行う機会を有する。

(d) 仲裁廷は，仲裁廷選定専門家証人に対し尋問を行うことができるものとし，当事者又は当事者選定専門家証人は，仲裁廷選定専門家証人に対し，仲裁廷選定専門家証人意見書，当事者の提出物又は当事者選定専門家証人意見書においてあらわれた事項について尋問することができる。

(e) 仲裁手続が，争点又は段階（管轄，中間的判断，責任及び損害等）ごとに行われるときは，当事者は争点又は段階ごとに証人尋問を行うことに合意することができ，仲裁廷も争点又は段階ごとに証人尋問を行うことを命ずることができる。

(f) 仲裁廷は，当事者の申立て又は職権により，証拠調べ手続の順序を変更することができる。この変更には，特定の紛争ごとに証言を行うことの取決め又は証人が同時に質問を受け互いに対面する方法を含む。

(g) 仲裁廷はいつでも証人に対し尋問することができる。

III. 専門家証人（expert witness）

仲裁事件の性質上，高度，専門的，複雑な技術問題，法律問題などの知識が必要になる場合がある。また，当事者が提出する主張及び証拠のみでは十分に内容を理解することが困難な場合もある。また，専門分野の細分化が進んだことから，仲裁人が十分な専門知識を保有しておくことが難しい場合もある。

当事者または仲裁廷は，専門的な知識を補充するために，特別な問題について，専門家証人（鑑定人）を選任して，その専門家証人に必要な事項について書面又は口頭による報告を求めることができる。

IBA証拠規則5条（当事者選定専門家証人）1項では，「当事者は，特定の事項に関する立証の手段として，当事者選定専門家証人に依拠することができ

る。仲裁廷が定めた期間内に，①各当事者は，その証言に依拠しようとしている当事者選定専門家証人を特定して，その証言を求める事項を明らかにし，②当事者選定専門家証人は，専門家意見書を提出しなければならない。」としている。

同6条（仲裁廷選定専門家証人）1項では，「仲裁廷は，当事者と協議のうえ，仲裁廷が指定して特定の事項について報告させるため，1人又は複数の独立した専門家証人を選定することができる。仲裁廷は，仲裁廷選定専門家証人意見書へのための付託事項を，当事者との協議のうえ定めなければならない。付託事項の最終版の写しは，仲裁廷が当事者に対し送付する。」としている。

日本仲裁法34条3項では，専門家証人の報告に対して，当事者が質問や反証を提出する機会を保障するため，当事者の求めがあるとき，又は仲裁廷が必要と認めるときは，専門家証人は，報告をした後，口頭審理（証拠調べ期日）に出頭しなければならないとしている。モデル法26条2項前段と実施的に同一の内容である。

専門家証人の選定において，当事者選定，及び仲裁廷選定の専門家証人は当事者，当事者の法律顧問及び仲裁廷から独立していなければならないことに留意しておくべきである。日本仲裁法，JCAA商事仲裁規則では規定は置かれていないが，UNCITRAL仲裁規則，IBA証拠規則は仲裁廷選定専門家証人に対して公正性と独立性の開示を要求する規定を置いている。

UNCITRAL仲裁規則29条2項では，仲裁廷選定専門家証人は，原則として選定を引き受ける前に，仲裁廷及び両当事者に，その者の資格に関する陳述書とその公正性と独立性の陳述書を提出しなければならないとしている。

IBA証拠規則5条2項（c）では，当事者選定専門家証人が，当事者，当事者の法律顧問（their legal advisors）及び仲裁廷から独立している旨の表明を求めている。

同6条2項では，「仲裁廷選定専門家証人は，就任を受諾する前に，仲裁廷及び当事者に対し，自己の資格に関する事項と，当事者，当事者の法律顧問及び仲裁廷から独立している旨を表明しなければならない。当事者は，仲裁廷が定めた期間内に，仲裁廷選定専門家証人の資格及び独立性に関する異議の有無

を仲裁廷に通知しなければならない。仲裁廷は，異議を認めるか否かを速やかに判断するものとする。仲裁廷選定専門家証人が選定された後に，専門家証人の資格又は独立性について当事者が異議を申し立てることができるのは，選定後に当事者が認識した事由によるときに限る。仲裁廷は，講ずるべき措置があれば，速やかに決定しなければならない」としている。

IV. 裁判所の協力―裁判所により実施する証拠調べ

仲裁廷は証拠調べの権限を有するが，その権限は，当事者の合意，また，適用される仲裁規則，仲裁法に由来するものである。仲裁は当事者自治による解決手続であるため仲裁廷には強制力がなく，当事者や，当事者がコントロールできる者の証人尋問や証拠調べはできるが，それ以外の第三者の証人尋問や証拠調べは任意の協力がなければ強制できない。それを実施するためには裁判所の協力が必要となる。モデル法，各国の仲裁法は仲裁廷及び当事者が仲裁において証拠調べに裁判所の協力を求めることを認めている。対象となる証拠は，仲裁地の権限のある裁判所の管轄内にある証拠，及び管轄外にある証拠も含まれる。モデル法では仲裁地の裁判所の管轄内，及び管轄外の証拠もその対象とされている[1]。

モデル法 27 条では，「仲裁廷又は仲裁廷の許可を得た当事者は，この国の権

1　国際商事仲裁では，証拠が仲裁地の権限のある裁判所の管轄外にある場合が少なからずある。モデル法では仲裁地の権限のある裁判所の管轄外にある証拠も対象とされるが，同 27 条の "the competent court of this State"（「この国の権限のある裁判所」）の趣旨は，証拠はモデル法を採択している国にある場合に限られると解される。
　UNCITRAL Model Law Article 27. Court assistance in taking evidence "The arbitral tribunal or a party with the approval of the arbitral tribunal may request from a competent court of this State assistance in taking evidence. The court may execute the request within its competence and according to its rules on taking evidence."
　＊アメリカはモデル法採択国ではないが，合衆国法典 28 編 1782 条（28 U.S. Code section 1782）では，米連邦地裁に「外国又は国際法廷」での手続で使用するために証言又は証拠収集を命じる権限を与えている。なお，国際法廷（international tribunal）が国際仲裁の仲裁廷（arbitral tribunal）を含むか否かが問題となる。

限のある裁判所（the competent court of this state）に対し，証拠調べのための協力を申し立てることができる。裁判所は，その権限内で，かつ証拠調べに関する規則に従い，申立てを実施することができる。」としている。

日本仲裁法35条1項では，「仲裁廷又は当事者は，民事訴訟法の規定による調査の嘱託，証人尋問，鑑定，書証（当事者が文書を提出してするものを除く。）及び検証（当事者が検証の目的を提示してするものを除く。）であって仲裁廷が必要と認めるものにつき，裁判所に対し，その実施を求める申立てをすることができる。ただし，当事者間にこれらの全部又は一部についてその実施を求める申立てをしない旨の合意がある場合は，この限りでない。」としている。

V．迅速仲裁手続（expedited procedures）

国際商事仲裁の世界的普及，振興とともに，手続の形式化，複雑化，仲裁手続の長期化により，仲裁の特徴である迅速性，経済性の性格が損なわれる傾向にあり，仲裁手続に要する期間と費用が問題視されるようになっている。その対応の一環として，仲裁の本来の特徴とされる，迅速かつ経済的な解決を実現させる方法として，「迅速仲裁手続」（英語では，"expedited procedures" 又は "fast-track arbitrations" という）が利用されるようになっている。

仲裁費用には，手続管理費用（仲裁機関に支払う費用），手続実費（審問設備使用費用，通訳・翻訳費用，旅費，鑑定費用，その他），そして仲裁人報酬，弁護士費用が含まれる。仲裁費用の中で弁護士費用は時間チャージ制度が採用される場合が多く，仲裁手続が長期化することで弁護士費用が高額になることが多い。

中堅，中小企業の場合は，中・小規模の仲裁事件が多く，仲裁費用の負担が問題となる。国際商事仲裁をさらに幅広く促進するためには，仲裁手続に要する時間と費用の節減が求められる。

そのような状況のもとで，最近では，数多くの仲裁機関（JCAA，ICC，SIAC，HKIAC，ICDR 他）の仲裁規則に迅速仲裁手続規則が，また UNCITRAL 仲裁規則にも迅速仲裁手続規則（UNCITRAL Expedited

Arbitration Rules）が置かれている。迅速仲裁手続は，通常，紛争金額が一定金額以下（仲裁機関により紛争金額の範囲は様々である）の紛争の場合，または当事者が迅速仲裁手続に合意する場合に迅速仲裁手続規則が適用される。

迅速仲裁手続規則では，手続を迅速に進めて短期間で仲裁判断が下されるように，審理の方法，書面提出期限の短縮，仲裁人の数の制限，審問期日の制限，仲裁判断の期限を短く設けて，費用を節減することなどで，仲裁手続の迅速化，費用の低減に努めている。

例えば，日本商事仲裁協会（JCAA）の迅速仲裁手続例を挙げると，JCAA迅速仲裁手続規則には以下の規定が設けられている。

① 迅速仲裁手続の適用

迅速仲裁手続紛争金額（申立ての請求金額，反対請求申立ての請求金額及び相殺の抗弁に供する自働債権の金額の合計額，利息及び費用の請求金額は参入しない）が3億円以下の場合，又は当事者が迅速仲裁手続によるべき旨の合意をJCAAに通知した場合に迅速仲裁手続が適用される（商事仲裁規則84条1,2項）。

② 仲裁人の数

仲裁人は1人とする（ただし，仲裁人の数を3人とする旨の当事者の合意がある場合は，仲裁人の数は3人となる（同86条1,2項）。

③ 書面審理の原則

仲裁廷は，当事者の意見を聴いた上で，審問を行う必要があると認める場合を除き，書面審理により仲裁手続を進める。全ての当事者が合意した場合には，審問を開催する。

審問を行う場合は，仲裁廷は，ビデオ会議その他の適切な方法を選択するものとし，審問の日数は可能な限り短い日数としなければならない（同87条1,2項）。

④ 仲裁判断の期限

仲裁廷は，その成立の日から6カ月以内に仲裁判断をするよう努めなければならない。ただし，紛争金額が5000万円以下の場合は，仲裁廷は，その

成立の日から3カ月以内に仲裁判断をするよう努めなければならない（同88条1,2項）。

仲裁廷は，仲裁判断の期限の目的を達成するために，ビデオ会議，書面の交換その他の定める方法により当事者と協議を行い，審理予定表を書面により作成し，原則として，仲裁廷の成立から2週間以内に，当事者及びJCAに送付しなければならない（同3項）。

⑤ 手続参加及び複数の仲裁手続の併合の迅速手続適用の禁止

手続参加及び複数の仲裁手続の併合の多数当事者仲裁には迅速手続は適用できない（同90条）。

Column 6

仲裁審問施設

仲裁手続では通常口頭審問会を実施するが，口頭審問会の開催においては，審問施設の準備が必要である。口頭審問会では複数の部屋が必要で，通常，①口頭審問が開催される部屋，②仲裁人の控室，③申立人，被申立人の控室，④証人の控室などである。

このような複数の部屋を使用できる会場の確保が問題とされてきた。最近では，各国，各機関が仲裁審問専用の施設を備えるような傾向にある。

＊日本　株式会社仲裁審問東京施設のハイブリッド審問対応仲裁審問室

＊シンガポール　Maxwell Chambers のハイブリッド審問対応審問室

第9講

仲裁廷による暫定保全
措置と緊急仲裁人制度

　仲裁廷は，裁判所と同様に，暫定保全措置の命令を出す権限がある。暫定保全措置は，仲裁手続中あるいは仲裁判断前に，財産保全や，証拠保全などの目的で講じられる。日本の改正仲裁法にも仲裁廷による暫定保全措置の条件，また，暫定保全措置命令の執行の規定が置かれている。

　第9講では，仲裁廷による暫定保全措置について，その要件，内容を解説して，暫定保全措置命令の執行について，改正仲裁法の紹介を交えて解説する。

　また，後半では，仲裁廷が構成する前に，当事者の緊急要請に対応して，仲裁廷とは別の，緊急仲裁人による暫定保全措置制度について検討，解説する。

Ⅰ．国際仲裁における仲裁廷による暫定保全措置 (interim and conservatory measures)

　仲裁手続の進行の確実性，仲裁判断の実効性を確保するためには，暫定保全措置が必要となることがある。例えば，一方の当事者が仲裁手続前又は期間中，仲裁判断の前に，当事者の資産を移動させたり，隠したりすることがある。その場合，仲裁廷が下す終局的仲裁判断の実効性に影響を与えることになる。

〈想定事例 1〉

> 　X 社はノウハウライセンス契約の終了通知を Y 社に与えて契約終了後の当該ノウハウの使用の中止を求めた。しかし，Y 社は，X 社の警告を無視して，当該ノウハウを使用して同事業を継続していたため，Y 社は，当該ノウハウの使用による同事業の差止，損害賠償を求めて Y 社を被申立人とする仲裁申立てを行った。X 社は，緊急に当該ノウハウ使用の差し止めを考えているが，仲裁廷に暫定保全措置を講ずることを命ずる権限があるだろうか。

〈想定事例 2〉

> 　A 社は輸出契約の商品代金の未払に関して，B 社に商品代金，遅延利息，損害賠償を求めて B 社を被申立人とする仲裁申立てを行った。A 社は，仲裁判断が出る前に，緊急に B 社の財産の差押えを考えているが，仲裁廷にそのような暫定保全措置を講ずることを命ずる権限があるだろうか。

　国際仲裁において，暫定保全措置は次のような問題を含む。
① 仲裁廷は，果たして暫定保全措置を講ずることを命ずる権限があるのか否か。
② 仲裁廷に権限がある場合，暫定保全措置に求められる条件（要件，内容）は何か。
③ 仲裁廷による暫定保全措置命令には執行力があるのか否か。

④ 仲裁合意が存在し，その仲裁合意に基づき仲裁手続を開始する前又は進行中に，裁判所に対して暫定保全措置を求めることが可能か否か。

⑤ 仲裁廷が構成される前に，仲裁機関に緊急の暫定保全措置を申し立てる制度（緊急仲裁人制度）の利用は可能か否か。

1. 暫定保全措置とは

仲裁廷による暫定保全措置とは，仲裁判断の形式によるか又はその他の形式によるかを問わず，あらゆる一時的な措置であって，紛争についての終局的な仲裁判断を下す前の時点において，仲裁廷が当事者に対して命じるものをいう。例えば以下のものがある。

① 現状を維持し，また現状を回復すること。

② 現在もしくは緊急の損害もしくは仲裁手続の妨害を防ぐ行為をし，又はこれを生じさせるおそれのある行為をやめること。

③ 仲裁判断の内容を実現させる原資となる資産を保全すること。

④ 紛争の解決に関連性を有し，かつ重要である可能性のある証拠を保全すること。

仲裁廷による暫定保全措置は，仲裁廷が下す仲裁判断の実効性を確保するためにあり，仲裁判断によって権利・義務関係が確定するまでの間に当事者に生ずる不利益を軽減し，係争物の現状や価値を維持することを目的とするものである。

仲裁廷による暫定保全措置は仲裁手続の一部であり，仲裁手続を行うための仲裁合意が前提となる。仲裁廷による暫定保全措置の効果は仲裁合意の当事者だけに及び，第三者にはその効果は及ばない。

2. 国際仲裁における仲裁廷による暫定保全措置命令

仲裁廷は，一方の当事者の申立てにより，紛争の対象について仲裁廷が必要と認める暫定保全措置を講ずる命令を出す権限がある。

手順としては，①まずは，当事者が仲裁廷に対して，暫定保全措置を講ずる

命令を求める。②当事者の請求を受けて，仲裁廷は，当該仲裁手続の自己の管轄権があることを前提に，当事者の主張の機会を与えるために，当事者の主張を聴いたうえで，暫定保全措置を講ずる命令を出すか否かを決定することになる。

　国際仲裁における仲裁廷による暫定保全措置の条件（要件，内容）は，適用される各国の法制度，仲裁法及び適用される仲裁手続規則によって異なってくる。暫定保全措置の決定は，仲裁廷の命令の形式で，または仲裁判断の形式で行われる。

　UNCITRAL 国際商事仲裁モデル法改正 2006 年（改正モデル法）及び各国の仲裁法，各機関の仲裁規則には，仲裁廷の特別権限として暫定保全措置命令を出すことができる規定が設けられており，仲裁手続が行われる仲裁地の仲裁法，当事者が合意する仲裁機関の仲裁規則に基づき，仲裁廷に暫定保全措置命令を求める申立てを行うことができる。

　改正モデル法では，「当事者間に別段の合意がない限り，仲裁廷は，当事者の申立てにより，暫定保全措置をとることを認めることができる。」（同 17 条1 項）としている。

　UNCITRAL 仲裁規則でも 26 条 1 項で同様の規定を置いている。JCAA 商事仲裁規則 71 条 1 項前段では，「当事者は，書面により，仲裁廷が相手方当事者に対して保全措置を講じるべきことの命令（以下「保全措置命令」という。）を求めることができる。」としている。

　日本の仲裁法 24 条（暫定措置又は保全措置）1 項では，「仲裁廷は，当事者間に別段の合意がない限り，その一方の申立てにより，いずれの当事者に対しても，紛争の対象について仲裁廷が必要と認める暫定措置又は保全措置を講ずることを命ずることができる。」としていた。

　改正仲裁法では，同 24 条の見出しを「暫定保全措置」に改め，1 項では，「仲裁判断があるまでの間」を加えて，「仲裁廷は，当事者間に別段の合意がない限り，仲裁判断があるまでの間，その一方の申立てにより，他方の当事者に対し，次に掲げる措置を講ずることを命ずることができる。」としている。

3. 暫定保全措置命令の条件（要件，内容）

　当事者が暫定保全措置命令を仲裁廷に求めるためには，その条件として暫定保全措置の必要性と緊急性を強調する必要がある。当事者が仲裁廷に暫定保全措置の命令を求める基本的条件としては，①緊急性，急迫の損害：暫定保全措置が講じられなければ，仲裁判断により適宜に回復できない損害が生ずるおそれがあること，②本案請求が認められる合理的な可能性：暫定保全措置を求める当事者が仲裁申立ての本案について成功裏に終わる相当な可能性があることが挙げられる。

　仲裁廷による暫定保全措置の条件（要件，内容）は各国の法制度，仲裁法，仲裁機関の仲裁規則により異なる。暫定保全措置命令を当事者が仲裁廷に求めることができる条件（要件，内容）は適用される仲裁法，仲裁規則に基づき仲裁廷の合理的な判断により決定されることになる。

　近年では，改正モデル法，改正仲裁法を含み，多くの国が改正モデル法を採択して仲裁法を改正しており，暫定保全措置命令の条件の具体的な規定が置かれている。

(1) 改正モデル法

　改正モデル法では，同17条2項で，「暫定保全措置とは，仲裁判断の形式によるか又はその他の形式によるかを問わず，あらゆる一時的な措置であって，紛争についての終局的な判断である仲裁判断を下す前の時点において，仲裁廷が，当事者に以下に掲げる措置を命じるものをいう。」としている。

　(a) 紛争を解決するまで現状を維持し又は現状を回復する措置
　(b) 現在のもしくは切迫した損害又は仲裁手続に対する妨害を防止するための措置，又はそれらの原因となるおそれのある行為を差し控えさせるための措置
　(c) 将来の仲裁判断を実現させるために必要な資産の保全手段を提供する措置
　(d) 紛争の解決に関連しかつ重要である可能性のある証拠を保存する措置

また，暫定保全措置を認める要件として，同17条 A1 項では，「第17条2項（a），（b）及び（c）に基づく暫定保全措置を申し立てる当事者は，次に掲げる事項を仲裁廷に証明しなければならない。」としている。

- (a) 暫定保全措置が発令されなければ，損害賠償を命じる仲裁判断によっては十分に償えない損害が生ずる可能性が大きく，かつ，その損害が当該措置が認められた場合に措置の対象となる当事者に生じうる損害を実質的に上回ること
- (b) 申立人が，請求事件の本案において勝利する合理的な見込みがあること。ただし，この見込みに関する決定は，仲裁廷がその後に決定を行うに際しての裁量判断には影響を与えない

　また，同2項で，「第17条2項（d）に基づく暫定保全措置の申立てについては，本条1項（a）及び（b）の要件は，仲裁廷が適当と判断する場合にのみ適用される。」としている。

(2) 改正仲裁法

　改正仲裁法は，暫定保全措置命令の類型を整備して，24条1項1号～5号に規定が置かれた。暫定保全措置命令の類型は，予防・回復型（紛争の対象の物・権利について，著しい損害又は窮迫の危険を避けるために必要な措置・原状回復措置：24条1項3号）と，禁止型（財産の処分等の禁止，審理妨害行為の禁止，証拠の廃棄行為の禁止の措置：24条1項1，2，4，5号）に大別している。暫定措置命令の類型〈1号～5号〉は以下のとおりである。

- ① 金銭の支払を目的とする債権について，強制執行をすることができなくなるおそれがあるとき，又は強制執行をするのに著しい困難を生ずるおそれがあるときに，当該金銭の支払をするために必要な財産の処分その他の変更を禁止すること。
- ② 財産上の給付（金銭の支払を除く）を求める権利について，当該権利を実行することができなくなるおそれがあるとき，又は当該権利を実行するのに著しい困難を生ずるおそれがあるときに，当該給付の目的である

　財産の処分その他の変更を禁止すること。

③　紛争の対象となる物又は権利関係について，申立てをした当事者に生ずる著しい損害又は急迫の危険を避けるため，当該損害若しくは当該危険の発生を防止し，若しくはその防止に必要な措置をとり，又は変更が生じた当該物若しくは権利関係について変更前の原状の回復をすること。

④　仲裁手続における審理を妨げる行為を禁止すること（次号に掲げるものを除く。）。

⑤　仲裁手続の審理のために必要な証拠について，その廃棄，消去又は改変その他の行為を禁止すること。

　同2項では，「前項の申立て（同項第5号に係るものを除く。）をするときは，保全すべき権利又は権利関係及びその申立ての原因となる事実を疎明しなければならない。」としている。

(3) 仲裁規則

　仲裁規則に関しては，UNCITRAL仲裁規則，JCAA商事仲裁規則を含む多くの仲裁機関の仲裁規則にも暫定保全措置の具体的条件が規定さてれている。

　UNCITRAL仲裁規則26条2項では，「暫定保全措置（interim measure）は，紛争が終局的に決定される仲裁判断が下される前のいかなる時でも，仲裁廷が，当事者に対して，例えば以下の事項に限らず含み仲裁廷が命ずる一時的な措置である。」としている。

(a)　紛争を解決するまでの現状を維持し，または，現状を回復すること

(b)　(ⅰ) 現在のかつ甚大な損害，または (ⅱ) 仲裁手続への侵害を引き起こすおそれのある行為をなすことを阻止し，又は，差し控える手段を講ずること

(c)　終局的仲裁判断の履行が確保され得る財産を保存する手段を提供すること

(d)　紛争の解決に関連があり，かつ重要であり得る証拠を保存すること

同3項では，「前項（a）〜（c）の下で暫定保全措置を求める当事者は，以下に掲げる事項を仲裁廷に満足させるものとする。」としている。

（a）保全措置命令が発生されられない場合，損害賠償を命じる仲裁判断では適切に回復できない損害が生じる可能性があること，かつその損害が保全措置命令によりその名宛人となる当事者に生じる可能性のある損害を十分に上回ること。

（b）保全措置命令の申立てをした当事者の本案請求が認められる合理的な可能性があること。この可能性の決定は，その後の決定をなす際に仲裁廷の裁量に影響を及ぼしてはならないものとする。

また，同4項で，「第2項（d）における暫定保全措置の求めに関して，前項（a）と（b）に定める要件は，仲裁廷が適宜であると考慮する範囲でのみ適用される。」としている。

さらに，同5項で，「仲裁廷は，当事者の請求に基づき，または，例外的な状況において，かつ両当事者への事前の通知に基づき，仲裁廷自体の選択で，仲裁廷が許容した暫定保全措置を修正し，延期し，または，終了させることができる。」としている。

JCAA商事仲裁規則では，同71条1項で，「当事者は，書面により，仲裁廷が相手方当事者に対して保全措置を講じるべきことの命令（以下「保全措置命令」という。）を求めることができる。」として，求めることができる保全措置には，以下に掲げるものを含むとしている。

（1）現状を維持し，又は原状を回復すること

（2）現在若しくは急迫の損害若しくは仲裁手続の妨害を防ぐ行為をし，又はこれを生じさせるおそれのある行為をやめること

（3）仲裁判断の内容を実現させる原資となる資産を保全すること

（4）紛争の解決に関連性を有し，かつ重要である可能性のある証拠を保全すること

同規則71条2項では「前項（1）から（3）までに定める保全措置命令は，

次に掲げる事由のいずれもが認められる場合にのみ発することができる。」と
している。

   (1) 保全措置命令が発されない場合，損害賠償を命じる仲裁判断では適切に
      回復できない損害が生じる可能性があり，かつその損害が保全措置命令
      によりその名宛人となる当事者に生ずる可能性のある損害を十分に上回
      ること
   (2) 保全措置命令の申立てをした当事者の本案請求が認められる合理的な可
      能性があること

  また，同3項では，「第1項（4）に定める保全措置命令は，仲裁廷が前項に
掲げる事情を考慮して適当と認める場合にのみ発することができる。」として，
同4項で，「仲裁廷は，保全措置命令を発するにあたっては，すべての当事者
に意見を述べるための合理的な機会を与えなければならない。」としている。

II. 仲裁廷による暫定保全措置命令の執行

1. 暫定保全措置の承認及び執行

  当事者は仲裁廷による暫定保全措置命令を遵守しなければならないことは当
然であるが，当事者がこれを遵守しない場合に，仲裁廷による暫定保全措置命
令に執行力があるか否かは重要な問題である。仲裁廷による暫定保全措置の執
行は裁判所により執行を許す旨の執行判決（又は執行決定）を得ることを必要
とする。終局的仲裁判断の執行力はニューヨーク条約，各国の仲裁法により承
認されているが，暫定保全措置命令は終局的仲裁判断ではないので，暫定保全
措置の執行は承認されていなかった。例えば，日本の現行の仲裁法では仲裁廷
による暫定保全措置命令に執行力を付与する規定がなく，強制執行することは
できなかった。
  しかし，近年，仲裁廷による暫定保全措置命令の執行を承認する仲裁法が増
えている。改正モデル法では，仲裁廷の暫定保全措置命令に執行力を付与する

規定を設けている。同 4 節（暫定保全措置の承認及び執行）17H 条 1 項では，「仲裁廷によって発令された暫定保全措置は，拘束力を有するものとして承認されなければならず，仲裁廷が異なる判断をした場合を除き，それが発令された国に関わらず，17Ｉ条の規定に従うことを条件として，管轄権を有する裁判所に対する申立てに基づいて，執行されなければならない。」としている。

2．改正仲裁法の暫定保全措置命令の執行

近年，改正モデル法を採択したシンガポール，香港，韓国他多くの国の仲裁法には，仲裁廷による暫定保全措置命令の執行の規定が置かれている。

改正仲裁法にも「仲裁廷の暫定保全措置命令の執行等認可決定」の規定が設けられた。同法では，仲裁法第 8 章（仲裁判断の承認及び執行決定等）に 47条（暫定保全措置命令の執行等認可決定），48 条（暫定保全措置命令に基づく民事執行），49 条（暫定保全措置命令に係る違反金支払命令）の 3 条を加えている。

同 47 条 1 項では，「暫定保全措置命令（仲裁地が日本国内にあるかどうかを問わない。以下この章において同じ。）の申立てをした者は，当該暫定保全措置命令を受けた者を被申立人として，裁判所に対し，次の各号に掲げる区分に応じ，当該各号に定める決定（以下「執行等認可決定」という。）を求める申立てをすることができる。」としている。

1 暫定保全措置命令のうち 24 条 1 項 3 号に掲げる措置（予防・回復型）を講ずることを命ずるもの　当該暫定保全措置命令に基づく民事執行を許す旨の決定
2 暫定保全措置命令のうち 24 条 1 項 1 号，2 号，4 号又は 5 号に掲げる措置（禁止型）を講ずることを命ずるもの　当該暫定措置命令に違反し，又は違反するおそれがあると認められるときに 49 条 1 項の規定による金銭の支払命令を発することを許す旨の決定

改正モデル法には規定はないが，改正仲裁法には，「暫定保全措置命令に係る違反金支払命令」の規定が設けられた。暫定保全措置命令の執行を認可する

命令に違反した場合における違反金支払支命令の発令の規定である。

　同49条（暫定保全措置命令に係る違反金支払命令）1項では，「裁判所は，暫定保全措置命令（24条1項1号，2号，4号又は5号に掲げる措置を講ずることを命ずるものに限る。以下この条において同じ。）について確定した執行等認可決定がある場合において，当該暫定保全措置命令を受けた者（以下この条において「被申立人」という。）がこれに違反し，又は違反するおそれがあると認めるときは，当該暫定保全措置命令の申立てをした者（6項において「申立人」という。）の申立てにより，当該暫定保全措置命令の違反によって害されることになる利益の内容及び性質並びにこれが害される態様及び程度を勘案して相当と認める一定の額の金銭の支払（被申立人が暫定保全措置命令に違反するおそれがあると認める場合にあっては，被申立人が当該暫定保全措置命令に違反したことを条件とする金銭の支払）を命ずることができる。」としている。

III. 裁判所による暫定保全措置

　仲裁廷が構成されるのに時間を要するため，緊急の救済に間に合わないこと等を理由に，仲裁開始前，また仲裁廷が構成される前に，仲裁廷に暫定保全措置の権限があるにもかかわらず，当事者が裁判所に保全措置命令を求めることは少なからずある。仲裁合意が存在する場合，果たして国家の裁判所による保全処分は適法なのか否かが問題となる。

　仲裁合意の存在により，国家の裁判所において仲裁付託された民事紛争に関する訴訟手続を不適法とされることはニューヨーク条約，改正モデル法，各国の仲裁法に明文の規定が置かれている。しかし，仲裁合意の存在は本案訴訟を不適法とするが，裁判所に対する保全処分の申立ては不適法とするものではないことは，改正モデル法，多くの国の仲裁法で認められている。

　改正モデル法では第5節（裁判所の命令による暫定保全措置）17J条で，「裁判所は，仲裁地がこの国の領域内であるか否かにかかわらず，裁判手続における場合と同様に，仲裁手続に関して暫定保全措置を発令する権限を有する。裁

判所は，国際仲裁の特質を考慮しつつ自らの手続に従って，その権限を行使しなければならない。」としている。

UNCITRAL 仲裁規則 26 条 9 項では，「当事者による裁判所に対する保全措置の要請は，仲裁合意と両立しえない，または，仲裁合意の放棄としてみなされてはならない。」としている。

日本仲裁法 15 条では，「仲裁合意は，その当事者が，当該仲裁合意の対象となる民事上の紛争に関して，仲裁手続の開始前又は進行中に，裁判所に対して保全処分の申立てをすること，及びその申立てを受けた裁判所が保全処分を命ずることを妨げない。」としている。

裁判所による保全処分と仲裁廷における暫定保全措置との関係については，両者の競合を認めて，当事者の選択で，裁判所，仲裁廷のいずれにも，または双方に申し立てることができるという解釈が多数説である。しかし，仲裁廷による暫定保全措置を優先させて，裁判所の保全処分を補充的とする解釈もあり，適用される国の法制，仲裁法，また仲裁機関の仲裁規則により，仲裁合意が存在し，仲裁廷による保全措置が利用できる場合に，当事者の裁判所に対する保全処分の申立てが拒絶されるケースもみられる。

IV. 緊急仲裁人（emergency arbitrator）制度

1. 緊急仲裁人制度について

仲裁廷による暫定保全措置は，仲裁廷が構成されることが前提となるが，仲裁の開始から仲裁廷が構成されるまでには時間を要するため，暫定保全措置は，緊急の要請であり，当事者としては仲裁廷が構成される前に，仲裁開始と同時に暫定保全措置を講ずることを望むことが多い。

緊急仲裁人制度とは，仲裁廷が成立する前，仲裁廷が構成する仲裁人が未だ選任されておらず，仲裁廷が構成されていないと，暫定保全措置命令を求めることができないので，仲裁機関に対して緊急仲裁人による暫定保全措置命令を求める制度である。仲裁廷が構成される前の間隙を埋めるものとして，主要な

仲裁機関により緊急仲裁人制度が導入されている。

　緊急仲裁人制度は新しい制度であり，緊急仲裁人制度の法整備がされている国シンガポール及び香港等の少数の国以外の国では未整備である。改正モデル法，日本仲裁法及び改正仲裁法にも緊急仲裁人制度の規定は置かれていない。緊急仲裁人の法的性質，緊急仲裁人による暫定保全措置の執行力などの問題がある。

　主要仲裁機関は，近年の仲裁事情に対応するために仲裁規則を改正して緊急仲裁人による暫定保全措置命令の制度を導入している。例えば，日本商事仲裁協会（JCAA），シンガポール国際仲裁センター（SIAC），国際商業会議所（ICC），香港国際仲裁センター（HKIAC），大韓商事仲裁院（Korean Commercial Arbitration Board：KCAB），アメリカ仲裁協会（AAA），中国国際経済貿易仲裁委員会（China International Economic and Trade Arbitration Commission：CIETAC）などは，仲裁廷が構成される前の段階における緊急仲裁人制度を導入している。

2. JCAA の緊急仲裁人制度の概要

　JCAA 商事仲裁規則 5 章（仲裁廷又は緊急仲裁人による保全措置命令）2 節に緊急仲裁人による保全措置命令の規定（同 75 条―78 条）を置いている。JCAA 商事仲裁規則を例に挙げて，緊急仲裁人による暫定保全措置手続の概要を簡単に紹介する。

(1) 緊急保全措置命令の申立て

　当事者は，仲裁廷の成立前又は仲裁人が欠けている場合において緊急保全措置命令を求めるときは，書面により，JCAA に対し，緊急仲裁人による保全措置命令を求める申立てをすることができる（同 75 条）。申立人は，緊急保全措置命令の申立書とともに，仲裁合意の写しを JCAA に提出しなければならない。また，申立ての際に緊急仲裁人報償金，並びに管理料金及び予納金を JCAA に納付しなければならない。

（2）緊急仲裁人の選任と緊急仲裁人の公正性，独立性

緊急仲裁人の数は 1 名として，JCAA が選任する（同 76 条）。JCAA は，緊急保全措置命令申立書の提出を受けた日から 2 営業日以内に緊急仲裁人を選任するよう努めなければならない。緊急仲裁人は，公正，独立でなければならず，公正性又は独立性に疑いを生じさせる事実がある者は，就任を辞退するか，またはそのような事実をすべて JCAA に対して開示しなければならない。

（3）緊急仲裁人の任務

緊急仲裁人は，緊急保全措置命令を発し，停止し，または取り消すことができる（同 77 条）。緊急仲裁人は，その選任された日から 2 週間以内に，緊急保全措置命令に係る決定をするよう努めなければならない。

緊急仲裁人の任務は，基本的に，緊急保全措置命令を発するか否かを判断することであり，仲裁廷が成立すると緊急仲裁人の任務は終了することになる。緊急仲裁人は，当事者の書面による別段の合意がない限りは，当該紛争に関して仲裁人になることはできない。

（4）緊急保全措置命令の拘束性

当事者は，緊急保全措置命令を受けた場合には，これを遵守しなければならない。ただし，緊急保全措置命令に係る判断は，仲裁廷を拘束しない。仲裁廷は，緊急保全措置命令の全部又は一部を承認し，変更し，停止し，又は取り消すことができる（同 78 条）。

第10講

仲裁と調停の連結

　近年，早期，経済的に解決する手段として国際調停が
脚光を浴びている。また，最終解決手段である仲裁と調
停との組み合わせによるハイブリッド解決方法の利用が増
大している。

　第10講では，国際商事調停の手続と問題点について解
説し，仲裁と調停との組み合わせによるハイブリッド解決
について検討する。

Ⅰ. 調停と仲裁のハイブリッド解決法

　当事者間のトラブル，紛争を解決する最初の手段は当事者による直接交渉である。大方のトラブルは当事者間の交渉（negotiation）で解決するが，交渉がデッドロックになり，決裂した場合には，裁判（litigation）や仲裁（arbitration）に行く前に，調停（mediation）による解決を試みるのも一案である。また，仲裁手続中でも，調停に移行して，当事者間の和解合意により解決するケースも少なからずある[1]。

　調停人は当事者間の議論，主張の対立を，当事者の利害（interest）と解決のための選択肢（option）に向けることができ，また，両当事者の主張の相違を解決する公平な基準（criteria）を提供することができる。調停を活用することで早期の紛争解決につながり，要する費用も経済的である。

　仲裁は国際商事紛争解決手段として数多くのメリットがあり，最も多く利用されている紛争解決手段であるが，しかし，近年，仲裁手続の訴訟実務化が進み，当事者の手から紛争処理のコントロールが離れる不満，また，仲裁手続の長期化により，結果として当事者が負担する手続に要する費用の高額化に対する不満も聞かれる。

　このような問題を解決する紛争処理方法として，調停と仲裁の連結によるハイブリッドな解決方法が利用されるようになってきている。このような解決方法は，Med-Arb（調・仲），Arb-Med（仲・調），Arb-Med-Arb（仲・調・仲）と呼ばれている。

　国際仲裁において，仲裁と調停の連結で調停を利用する場合，次のような問題を含む。

　① 調停とは，また国際調停はどのような手続か。

　② 調停と仲裁の連結とはどのように行うのか，調停はどの段階で利用する

---

1 仲裁手続中に当事者の和解により手続が終了した割合は比較的高く，例えば，JCAA 仲裁では，手続中の和解の比率が全体件数の 3 〜 4 割程度あるといわれる。

のか。

③ 調停を行う場合に誰が調停人になるのか。

④ 調停において開示される情報の秘密性は保持されるのか。

⑤ 調停の結果，和解合意に達した場合に，その和解合意は執行ができるのか。和解合意の執行力を確保するための方法はあるのか。

Ⅱ. 調停とは─国際調停はどのような手続か

1. 調停とは

　調停とは，一定の法律関係（契約に基づくものであるかどうかを問わない）に関する民事又は商事の紛争の解決をしようとする紛争当事者のために，当事者に対して紛争の解決を強制する権限を有しない第三者が和解の仲介を実施し，その解決を図る手続をいう[2]。

　調停の性格をまとめると以下のとおりになる。

① 調停では，法律的な正当性，正しさはある程度意味を持つが，より重要な要素は，当事者の利益，利害（interests）の調整にある。

② 調停人は，当事者の利益，利害がなんであるのかを探り，常識に基づきビジネスセンスにかなう解決をしようとするものである。

③ 調停は，裁判や仲裁のように，法的にどちらの主張，立場（position）が正しいか，当事者間の紛争の白黒（zero-sum），勝ち負け（win-lose）の判断をする手続ではない。

④ 調停における最終目的は，当事者間の紛争を当事者双方が満足（win-win）の行く和解（settlement）をすることにある。

⑤ 調停人は解決案を出すこともあるが，それがたとえ良い解決案であっても，調停人は当事者にその解決案を強制することができない。

2　調停による国際的な和解合意に関する国際連合条約の実施に関する法律（2023 年 4 月 28 日公布）2 条（定義）1 項。

⑥ 調停人は，当事者の話し合い，交渉の過程を容易にして円満解決に導くための役割を担っているだけであり，当事者を拘束することはできない。

⑦ 当事者が調停に不満の場合は，当事者は，調停人に対して，調停を終了させることを要請することで調停は終了する。

2. 国際調停の特徴

　日本で行われている従来型の国内調停の実務と，国際標準を採用している国際調停手続実務とは違いが少なからずある。国際調停手続実務の特徴について，裁判所の民事調停との比較で紹介する。

① 国際調停の場合，調停人の選任は，当事者が指名する。通常は1名であるが，2名による共同調停も行われている。裁判所の民事調停では当事者は調停人を指名できない。裁判所の裁判官1名と調停委員2名以上で構成する調停委員会を組織する。

② 国際調停の場合，調停人の調停技法は，交渉促進型調停（facilitative mediation）[3] が主流である。裁判所の民事調停では，評価型調停（evaluative mediation）[4] が主流である。

③ 国際調停では，書類提出後，調停期日が開催され，通常は1〜2日で調停期日が終了するので非常に早く決着がつく。調停の形態は同席調停（joint session）と別席調停（private session）が併用される。裁判所の民事調停では，数カ月間の間に数回の調停期日が開催される。調停の形態は，原則，別席調停（private session）である。

④ 国際調停では，調停手続の使用言語は当事者が合意する言語である。英

3　交渉促進型調停（facilitative mediation）では，調停人は，当事者間の主張，立場を傾聴して，その背後にある当事者の利害を探り，課題を特定して，解決のための選択肢を探りだして，当事者の交渉をさらに促進して当事者の和解に導く技法を採用している。コモンロー諸国でよく用いられる技法であり，国際調停もこの技法を主流とする。

4　評価型調停（evaluative mediation）では，調停人の専門的知識を活用して，当事者双方の主張，争点について一定の法的評価を背景に，当事者に解決案を提示して当事者に和解を促す技法を採用している。日本では評価型調停が主流である。

語が使用言語となることが多い。裁判所の民事調停の使用言語は日本語のみである。

⑤ 国際調停では，調停手続の内容の厳格な守秘義務が課せられる。調停手続の主張や内容を，後の仲裁や裁判において利用されないことを原則とする。裁判所の民事調停では，調停手続の内容の守秘義務のルールはない。その後の訴訟手続でも利用されることがある。

3. 国際調停の形態と調停機関

国際調停には，アドホック調停と機関調停とがある。アドホック調停では，当事者が調停人を選任して，その選任された調停人と当事者が調停手続管理を行うことになる。日本ではあまり行われていないが，世界では少なからずアドホック調停が行われている。

機関調停では，調停人の選任，審理手続の管理，運営をすべて調停機関に任せることができる。

近年，多くの国，地域で，国際商事調停機関が創設されている，また，既存の ADR 機関でも，国際商事調停を充実させている。国際調停機関は世界各国に存在するが，国際商事調停を扱う主要な機関として以下の機関がある。

① イギリス：英国仲裁人協会（CIArb），Centre for Effective Dispute Resolution（CEDR）

② フランス：国際商業会議所（ICC）

③ シンガポール：シンガポール国際調停センター（SIMC），シンガポール調停センター（SMC）

④ 香港：香港国際仲裁センター（HKIAC），香港調停センター（HKMC）

⑤ マレーシア：アジア国際仲裁センター（AIAC）

⑥ アメリカ：Judicial Arbitration Mediation Center（JAMS），アメリカ仲裁協会（AAA）／国際紛争解決センター（ICDR）

⑦ 日本：京都国際調停センター（JIMC-Kyoto），日本商事仲裁協会（JCAA）

4. 国際調停の手続はどのように行われるか

　国際調停の手続については，国連国際商取引法委員会（UNCITRAL）が，国際調停の世界的普及に向けて，国際商事調停モデル法[5]を公表しており，国際調停手続の国際的標準化が進行している。

　国際調停の手続は，通常，次のような手続過程を経て実施されている。全手続過程に要する時間は，通常2〜3カ月であり非常に早く決着がつく。

(1) 調停の合意

　調停を行うためには，当事者間の紛争を調停に付する合意が必要となる。調停の合意の形態には，①紛争が発生してから，当該紛争を調停に付託する合意を取りつける方法と，②契約書等にあらかじめ調停の合意規定（mediation clause）を設けておく方法がある。

(2) 調停の開始

　調停は，相手当事者に対して調停の申立てを行うことで開始される。機関調停の場合は，調停機関に申立書を提出することで手続が開始される。調停機関は申立てを受理して，調停申立ての通知を相手当事者に行う。

(3) 調停人の選任

　調停人は，原則，当事者の合意により選任される。機関調停では，当事者が選任できない場合は，調停機関が代わって選任することになる。調停機関では調停人リストを備えており，通常，そのリストを参考に選任される。

　調停人の数に関しては，当事者の合意により1人又は複数の調停人を選任す

----

5 UNCITRAL国際商事調停モデル法は2002年に公表されている。同モデル法は2018年に "Model Law on International Commercial Mediation and International Settlement Agreement" と名称を変えて改訂版を公表している。調停モデル法は調停手続ルールを定めた法律であり，調停モデル法は国際商事調停手続のガイドラインとして国際標準化に寄与している。日本は国際調停手続の具体的なルールを定めた法律を制定していない。

ることができる。通常は，1 人が多いが，2 人以上の調停人が選任されること
もある。

　調停人は，公正，中立で，当事者から独立していなければならない。選任さ
れる調停人に自己の独立・不偏性に疑いがある場合には，その事実を開示しな
ければならない。

(4) 手続の言語

　調停手続に使用される言語は，原則，当事者の合意により決定される。当事
者の合意がない場合，調停人は，当事者の要望等を聴いたうえで言語を決め
る。国際調停で使用さる言語は，主に英語である。

(5) 書類（Documents）の提出

　調停期日開催前に，当事者は調停人に主張書面，証拠書類などを提出するこ
とになる。書類の量については，調停手続は短期間による解決手続となるた
め，法的判断をするものではないので，通常，提出文書の量も制限して，例え
ば，10 〜 20 枚以内と制限して調停人に提出することを求められることが多い。

(6) 調停期日の開催

　調停期日においては，調停人を交えての会合，協議が行われるがその方法に
は，当事者が同席する同席方式（joint session）とそれぞれ個別に会合を行う
個別方式（private session）がある。国際調停では，一般に，まずは，当事者
が同席して，調停人に対して，陳述等を行う。その後に，調停人は，個別に当
事者との会合を何度となく行って，当事者の本音を探り，和解の条件を聴き，
和解を促進する。

　当事者の利害の一致，和解の方向性が具体的にみえてきたところで，当事者
同席の会合を行い，具体的な和解条件の最終調整が行われる。期日の開催は，
1 〜 2 日程度の集中審理が一般的である。

（7）和解合意の成立

　当事者間の和解が成立したら，その和解内容を書面でまとめる作業に入る。調停人，各当事者は，合意の確認，表現の適正さを確認して，和解文書の最終案を作成する。最終案を確認したうえで，全員が和解文書に署名して合意する。

（8）調停の終了

　調停の終了については，①当事者間で和解が成立したとき，②和解が不成立となった場合，③定められた手続の期間が経過したとき，④調停人が，当事者と協議のうえ，紛争の解決の見込みがないことを表明したとき，⑤いずれかの当事者が，調停人に対して，調停の終了を要請したときに終了することになる。

III．調停と仲裁の連結

1．調停と仲裁の連結とは

　仲裁は，仲裁人が下す判断に当事者が服従することで最終的に解決する，拘束的，かつ強制的手続である。一方，調停は，調停人の仲介により当事者が紛争解決の交渉をして協調的，建設的に解決する非拘束的，かつ非強制的解決手続である。

　調停と仲裁の連結とは，非拘束的 ADR である調停（Mediation）と拘束的ADR である仲裁（Arbitration）を組み合わせた解決方法である。仲裁の問題とされる手続の長期化，費用の高額化の難点を補完して，当事者の自律的，友好的，建設的な解決が見込める調停の利点を生かしたハイブリッドな解決方法といえる。

　手続としては，仲裁を行う前に，又は仲裁の手続途中に調停が行われる。調停で解決ができない場合には，拘束的かつ最終的解決手続である仲裁に移行することになる。また，調停が成立した場合に，その和解合意を仲裁判断

（consent award）として執行力を持たせることを目的に，仲裁に移行する方法がとられることもある。

調停と仲裁の連結の方法には，以下の 3 つがある。

① Med-Arb：仲裁を行う前に調停を行う仲裁と調停の連結

② Arb-Med：仲裁手続中に調停に移行する仲裁と調停の連結

③ Arb-Med-Arb：仲裁の申立てを受けた後，直ちに調停機関に移送して，まずは調停を試みて，調停が不調となった場合には，仲裁手続に戻り，仲裁審理手続を経て仲裁判断を下す仕組み

2. 調停を行うためには当事者の合意が必要となるのか

調停を行うためには当事者間の合意が要件となる。合意の方法には以下の 2 つの方法がある。

① 調停付託合意：紛争が発生してから当事者間でその紛争を調停に付託する合意をする調停付託合意がある。機関調停では，当事者間に調停合意がなくても，調停機関に調停の申立てをすれば，相手方に調停の合意の意向を確認する方法がとられる。

② 調停合意規定：当事者間で締結される契約書等にあらかじめ調停合意規定を挿入する方法がある。通常は契約書に仲裁と調停の連結による Med-Arb Clause が挿入される。

以下に，JIM-Kyoto と JCAA の Med-Arb Clause を紹介する。

① 京都国際調停センター（JIMC-Kyoto）の推奨条項

All disputes, controversies or differences which may arise between the parties hereto, out of or in relation to or in connection with this contract shall first be submitted to Japan International Mediation Center in Kyoto (the "Center") for resolution by mediation in accordance with the Mediation Rules of the Center.

If the dispute has not been settled pursuant to the said Rules within 60 days following the filing of a Request for Mediation or within such other period as the parties may agree in writing, such dispute shall thereafter be finally settled by arbitration in [name of city and country], in accordance with [name of Arbitration Rules] of [name of Arbitration Institution].

② 日本商事仲裁協会（JCAA）の推奨条項

The parties shall attempt to negotiate in good faith for a solution to all disputes, controversies or differences arising out of or in connection with this contract (hereinafter referred to as "disputes").

If the disputes have not been settled by negotiation within [specify desired number] weeks from the date on which one party requests to other party for such negotiation, the parties shall attempt to settle them by mediation in accordance with the Commercial Mediation Rules of the Japan Commercial Arbitration Association (hereinafter referred to as "JCAA"). The parties shall conduct the mediation in good faith at least [specify desired number] month from the date of filing.

If the disputes have not been settled by the mediation, then they shall be finally settled by arbitration in accordance with the Commercial Arbitration Rules of the JCAA. The place of the arbitration shall be Tokyo, Japan.

3. 調停と仲裁の連結で，仲裁手続から調停手続の移行の タイミング

仲裁手続中の調停への移行に関して，仲裁手続が開始されてから調停への移行のタイミングとして，どの段階で調停手続に移行するのかは当事者にとり関心のある問題である。仲裁手続中の調停手続への移行は当事者合意に基づくことになるが，実務的には，以下のタイミングでの調停手続への移行が考えられる。

① 仲裁申立てから第1回準備手続の会合までの間
② 第2回準備手続から証人尋問期日が開催されるまでの間

③ 証人尋問終了後から審理終結までの間

Ⅳ. 誰が調停人になるのか

1. Arb-Med の場合に仲裁人と調停人は兼務できるのか

仲裁と調停の連結において問題となるのは，誰が調停人，仲裁人になるのか，仲裁人と調停人は兼務できるのかであるが，これについては次のとおり見解が分かれている。

① 同一人が仲裁人と調停人を兼ねることができるとする立場
② 当事者の合意があれば仲裁人と調停人が同一人でもよいとする立場
③ 仲裁人と調停人は別人でなければならないとする立場

法域により，また国によりその解釈は異なる。コモンロー諸国では仲裁人と調停人は別人でなければならないとする立場である。

アジア諸国では，コモンロー法体系のシンガポール，香港を除き，大陸法系の中国，韓国，日本等は同一人が仲裁人と調停人を兼ねることを認めている。

日本仲裁法 38 条 4 項では，「当事者双方の承諾がある場合には，仲裁廷又はその選任した 1 人若しくは 2 人以上の仲裁人は，仲裁手続に付された民事上の紛争について，和解を試みることができる。」として，同 5 項では，「前項の承諾又はその撤回は，当事者間に別段の合意がない限り，書面でしなければならない。」としている。

JCAA 商事仲裁規則では，同 58 条（調停）1 項で，「当事者は，いつでも，書面による合意により，仲裁事件に係る紛争を JCAA の商事調停規則に基づく調停手続に付することができる。この場合には，次条 1 項の場合を除き，当該紛争を担当している仲裁人とは異なる者を調停人に選任するものとする。」として，同 59 条（仲裁人が調停人を務める場合の特則）1 項で，「前条 1 項の規定にかかわらず，当事者は，書面による合意により，仲裁人を調停人に選任して，仲裁事件に係る紛争を商事調停規則に基づく調停手続に付することがで

きる。この場合において，当事者は，仲裁人が調停人を務めたこと又は務めていることを理由として当該仲裁人の忌避を申し立てることはできない。」としている。

2. Med-Arb の場合に調停人は仲裁人を兼務できるのか

　仲裁と調停の連結において Med-Arb の場合は，仲裁を行う前に調停を試みることになる。その場合，調停が失敗に終わり，仲裁に移行する場合に，調停人とは別の第三者が仲裁人になるのか，調停人が仲裁人を兼ねることができるのかが問題となる。

　国際調停では，原則，当事者の別段の合意がなければ仲裁人と調停人は別人でなければならないという立場である。UNCITRAL 国際商事調停モデル法 12条（調停人による仲裁）では，「当事者間に別段の合意がある場合を除き，調停人は，現在もしくは過去における調停手続の対象事項たる紛争，または，同一の契約あるいは法律関係もしくは関連する契約あるいは法律関係から生じた別の紛争について，仲裁人として行動することはできない。」として，当事者間の合意がない限りは，調停人が，調停事件と同一事件又は関連する事件において仲裁人になることを禁止している。ただし，当事者の別段の合意がある場合は調停人が仲裁人を兼ねることは可能である。

　仲裁を開始する前の調停手続により当事者間で和解合意が成立した場合に，その和解合意に執行力を確保するために，仲裁手続に移行して和解合意を仲裁判断とする場合があるが，当事者の合意により，調停人が仲裁人を兼ねることがある。JCAA 商事調停規則 27 条（和解に基づく仲裁判断）では，「当事者の間で和解が成立した場合，当事者は書面による合意により調停人を仲裁人に選任し，和解の内容を仲裁判断とするよう当該仲裁人に求めることができる。」としている。

V. 調停の秘密性，仲裁，訴訟他の手続における証拠許容性

　国際調停では，調停の手続は非公開で行われ，守秘義務がある。調停人及び関係当事者は，調停で合意された内容，提示された条件などについては守秘義務を原則とする。また，調停手続において提出された主張書面，証拠は，裁判，仲裁，又は他の手続において証拠として提出できないことを原則とする。

　UNCITRAL 国際商事調停モデル法 9 条（守秘義務）では，「当事者間に別段の合意がある場合を除き，調停手続についてのあらゆる情報は，その秘密が守られなければならない。ただし，法律の定めるところにより，又は，和解合意の履行もしくは執行のために，開示が必要とされる場合は，この限りではない。」としている。そして，同 10 条（他の手続における証拠の許容性）1 項では，「調停手続の当事者，調停人，及び調停手続の運営に関与した者を含むあらゆる第三者は，仲裁手続，訴訟手続，またはその他の同様の手続に置いて，以下に掲げるものにつき，これらに依拠し，これらを証拠として提出し，またはこれらについて証言もしくは供述してはならない。」としている。

(a) 当事者が行った調停手続開始の申出または当事者が調停手続への参加を望んでいたという事実

(b) 当該紛争の和解案に関して当事者が調停手続において表明した意見または行った提案

(c) 調停手続の過程において当事者が行った陳述又は自白

(d) 調停が行った提案

(e) 調停人が提示した和解案につき，当事者がこれを受諾する意思を示したという事実

(f) もっぱら調停手続のために準備された書面

　JCAA は，仲裁と調停の連結である Med-Arb に関して，調停手続における非公開，守秘義務，また調停手続における当事者の主張等の取扱いについての

規定を設けている。

　JCAA 商事調停規則では同 23 条に非公開・守秘義務の規定が置かれている。同 1 項では，「調停手続及びその記録は非公開とする。」として，同 2 項で，「調停人，当事者，その代理人及び補佐人，JCAA の役職員その他の調停手続に関係する者は，調停事件に関する事実又は調停手続を通じて知り得た事実を他に漏らしてはならない。これらの者が，退任し若しくは退職し又は職務を終了した後も同様とする。」としている。また，同 24 条（調停手続における当事者の主張等の取扱い）2 項では，「当事者は，別段の合意がない限り，当事者間に係属した訴訟手続，仲裁手続その他の類似の手続において，次の各号に掲げる事項について主張し，供述し，若しくは証言し又は証言若しくは供述を求めてはならない。」としている。

　(1) 他の当事者が調停の申立てを打診した事実又は他の当事者が調停手続に応諾したという事実（調停手続が現に行われている又は既に行われたという事実自体を含まない。）
　(2) 調停手続において他の当事者が特定の事項につき自白その他の陳述をしたという事実
　(3) 調停手続において他の当事者又は調停人により提示された紛争の解決案
　(4) 前号に定める紛争の解決案に対して他の当事者が表明した意見
　(5) 他の当事者が紛争の解決案を受諾する意思を示したという事実

　JCAA 商事仲裁規則においても同 58 条 3 項で「いずれの当事者も，当事者の合意がない限り，調停手続で当事者がした提案，自白その他の陳述又は調停人の示した提案を仲裁手続において証拠として提出してはならない。」として，調停手続で開示される証拠，陳述などを仲裁手続において証拠として提出することを禁止するデフォルトルールを設けている。

　JIMC-Kyoto で実施される調停では，守秘義務が厳格に守られ，調停における当事者等の言動，意見等については，後の裁判や仲裁手続での利用が禁止されている。

　JIMC-Kyoto 機関調停規則第 7 条（守秘義務）1 項では，「調停手続について

のあらゆる情報は，その秘密が守られなければならない。ただし，法律の定めるところにより，又は，和解合意の履行もしくは執行のために，開示が必要とされる場合は，この限りでない。」としている。同 2 項では，「調停手続の当事者，調停人，調停人補助者及び調停手続の運営に関与した者を含むあらゆる第三者は，仲裁手続，訴訟手続，又はその他の同様の手続において，以下に掲げるものにつき，これらに依拠し，これらを証拠として提出し，又は，これらについて証言もしくは供述をしてはならない。ただし，法律の定めるところにより，又は，和解合意の履行もしくは執行のために必要とされる場合は，その限度において開示すること又は証拠として使用することができる。」としている。

- (a) 当事者が行った調停手続開始の申出又は当事者が調停手続への参加を望んでいたという事実
- (b) 当該紛争の和解案に関して当事者が調停手続において表明した意見又は行った提案
- (c) 調停手続の過程において当事者が行った陳述又は自白
- (d) 調停人が行った提案
- (e) 調停人が提示した和解案につき，当事者がこれを受諾する意思を示したという事実
- (f) もっぱら調停手続のために準備された書面

そして，同 3 項で，「本条の規定は，その仲裁手続，訴訟手続又はその他の同様の手続が，現在又は過去における調停手続の対象事項たる紛争と関係するものであるか否かを問わず，適用される。」としている。

VI. 和解合意の執行力を確保するための方法はあるのか

調停により当事者が和解して，和解合意により解決した場合，当事者が作成した和解合意の執行力に関しては，和解合意は，通常の契約と相違がなく，当事者が和解合意に従い任意に履行しない場合，和解合意には執行力がなく強制執行ができない。

調停による当事者間の和解合意の執行力を確保する方法としては，以下のものがある。

① 和解合意の仲裁判断：調停によって和解合意をした場合に仲裁に移行して，その和解合意を内容とする仲裁判断にする方法

② 調停に関するシンガポール条約：調停に関するシンガポール条約に基づき国際的な和解合意を執行する方法

1. 和解合意の仲裁判断

仲裁手続進行中に和解合意が成立し，当事者双方の申立てがあるときは，仲裁廷は，和解合意に基づく仲裁判断をすることができる。これを和解合意の仲裁判断（consent award/award on agreed terms）といい，仲裁判断としての効力を有する。和解合意の成立の経緯は問われない。仲裁手続中に仲裁人が関与して成立した場合，及び仲裁人が関与しないで成立した場合のいずれも含まれる。

日本仲裁法 38 条（和解）1 項では，「仲裁廷は，仲裁手続の進行中において，仲裁手続に付された民事上の紛争について当事者間に和解が成立し，かつ，当事者双方の申立てがあるときは，当該和解における合意を内容とする決定をすることができる。」としており，同 2 項で，「前項の決定は，仲裁判断としての効力を有する。」としている。UNCITRAL 国際商事仲裁モデル法も実質的に同様の規定が置かれている（同 30 条）。

2. 調停に関するシンガポール条約

「調停に関するシンガポール条約」（"Singapore Convention for Mediation"）は，2018 年 12 月 20 日に国連総会で採択された「国際的な調停による和解合意に関する国際連合条約」（"the United Nations Convention on International Settlement Agreements resulting from Mediation"）の通称である。調停に関するシンガポール条約の趣旨は，国際商事調停により成立した和解合意に関して，執行を求められた法域において執行力を付与するスキームを定めて，国際商事調停の利用を促進することにある。

　調停に関するシンガポール条約は，商業的紛争（commercial disputes）を解決するための調停の結果，当事者間で書面により締結された国際的和解合意（international settlement agreements）を執行する条約である。調停に関するシンガポール条約が適用される調停による和解合意の範囲は，国際的（international），かつ，商業的紛争（commercial disputes）に限られる。消費者紛争，家事紛争及び労働紛争は対象外である。

　2019 年 8 月 7 日にシンガポールにおいて調停に関するシンガポール条約の署名式典が開催された。署名式典にはアメリカ，シンガポール，中国，インド，マレーシア，フィリピン，韓国他 46 カ国の代表が参加して署名（現在はオーストラリア，イギリスを含め 56 カ国が署名）を行った。同条約は，発効の要件として批准国が 3 カ国以上であることが求められるが，シンガポールを含む 3 カ国以上が批准し，2020 年 9 月 12 日に発効した。締約国は日本を含め現在 12 カ国である。

　日本ではシンガポール条約に加盟するための国内法として，「調停に関する国際的な和解合意に関する国際連合条約の実施に関する法律」が 2023 年 4 月28 日に公布された。この法律は，調停に関するシンガポール条約の実施に関し必要な事項を定めた法律である。日本は調停に関するシンガポール条約に加盟し，2024 年 4 月 1 日に発効し，12 番目の締結国となった。

Column 7

京都に日本初の国際調停センターを創設

　日本仲裁人協会（JAA）と同志社大学が連携して，京都国際調停センター（JIMC-Kyoto）を 2018 年 11 月 20 日，1000 年の歴史を誇る日本文化の中心地，京都において創設している。同センターは，日本初の国際調停専門機関であり，主に海外取引に関連する紛争について，国際調停規則，調停人リストを備え，国際的に活用されている調停技法による調停を実施している。

　同センターは同志社大学に設置されており，センターの利用者は，調停期日に，同志社大学校内の施設を利用することができる。また，同センターは，京

都の高台寺の協力を得て，高台寺の境内の施設を調停に利用できるようになっている。

JIMC-Kyoto の WEB サイトは以下のとおりである。

https://www.jimc-kyoto-jpn.jp/

調停施設：同志社大学　今出川キャンパス

第11講

仲裁判断

　仲裁廷は，当事者の主張，立証を十分に審理して，審理終結宣言をして，複数仲裁人の場合には，合議の上，多数決で仲裁判断を下す。その判断は最終であり，当事者を拘束する。

　第11講では，仲裁廷による仲裁判断の種類，形態，その内容について，また，法による仲裁の下での仲裁廷が下す仲裁判断の規準（準拠法）について解説し，また，仲裁判断の秘密性，少数意見の取扱いについて検討，解説する。

Ⅰ. 仲裁判断

　仲裁判断は，1名の単独仲裁人，又は複数（2当事者間の場合は3名）の仲裁人により構成される仲裁廷によりなされる。仲裁廷は，請求について当事者が主張，立証及び，これに対する防御を行うに十分な機会が与えられ，仲裁判断を行うことができると認めるときは，審理の終結を決定して（JCAA商事仲裁規則60条1項），複数の仲裁人の場合は，合議のうえで多数決で仲裁判断を下す。仲裁判断は，最終であり，確定判決と同一効力を有する。仲裁判断に基づいて民事執行をしようとする当事者は，債務者を被申立人として，裁判所に強制執行を求めることができる。

　仲裁判断に関しては次のような問題を含む。

　① 仲裁判断にはどのような種類，形態があるのか。
　② 仲裁判断の形式と内容，仲裁判断書には何が記載されるのか。
　③ 仲裁判断の判断規準，準拠法はどのように決定されるのか。
　④ 仲裁判断への少数意見の付記は認められるのか。
　⑤ 仲裁判断の秘密性は保持されるのか，判断の公開はあるのか。
　⑥ 仲裁判断により仲裁廷の任務，権限は終了するのか。

Ⅱ. 仲裁廷による仲裁判断の種類，形態

　仲裁手続において仲裁廷が下す決定には様々なものがあるが，仲裁判断の主要な種類，形態には，終局判断，一部判断または中間判断，和解合意の仲裁判断，欠席仲裁判断がある。仲裁法，仲裁機関の仲裁規則には，これらの種類，形態の仲裁判断の明確な定義はされていないが，それぞれの手続の中で使用されている。

1. 終局判断（final award）

　終局判断は，通常，仲裁廷が当事者間の争いのすべての事項について最終的

な決定，判断を下すことである。仲裁判断には，紛争の一部について行う一部判断があるが，終局判断は，最終的なものであり，他に判断事項が残らない最後の判断を意味する。終局判断は仲裁地の管轄裁判所での取消手続の対象となる。また，ニューヨーク条約に基づく執行の対象となる。

　モデル法，日本仲裁法では，仲裁手続は終局判断により終結するとしている（モデル法 32 条 1 項，日本仲裁法 40 条 1 項）。

2. 一部判断（partial award），中間判断（interim award）

　一部判断は，例えば，仲裁廷の管轄権，時効，契約の有効性等の争いや，仲裁手続中に仲裁廷が自己の仲裁権限の有無などについて，終局仲裁判断前に独立の決定を下す判断をいう。また，中間判断の典型例は，当事者が仲裁廷に申し立てる暫定保全措置に関して仲裁廷が下す決定，命令である。いずれの判断も，終局判断が下される前に，仲裁手続途中に下される判断である。

3. 和解合意の仲裁判断（consent award/ award on agreed terms）

　国際商事仲裁においては，仲裁手続中に，当事者間で和解交渉，又は調停が行われることが少なからずある。調停の方法としては，仲裁人以外の第三者が調停人となり調停を行う場合と，仲裁廷が調停を行う場合がある。いずれの場合においても，当事者間で和解が成立した場合に，和解合意書が交わされることになるが，その和解合意には執行力がない。和解合意に執行力を持たせるために，仲裁に移行して，和解合意を仲裁判断（consent award 又は award on agreed terms）とすることがある。和解合意の仲裁判断は終局判断と同一の効力を有する。

　日本仲裁法 38 条 1 項で，「仲裁廷は，仲裁手続の進行中において，仲裁手続に付された民事上の紛争について当事者間に和解が成立し，かつ，当事者双方の申立てがあるときは，当該和解における合意を内容とする決定をすることができる。」として，同 2 項で，「前項の決定は，仲裁判断としての効力を有する。」としている。モデル法 30 条にも同趣旨の規定が置かれている。

4. 欠席仲裁判断（default award）

　仲裁手続を円滑に進めるためには全当事者が協力して手続を進めることが求められるが，一方当事者，通常，被申立人が非協力的で仲裁手続を拒否，無視する姿勢をとることがある。被申立人が，仲裁廷が定めた期限内に，自己の主張を陳述しない被申立人の懈怠による欠席手続（default proceedings）において，仲裁廷は仲裁手続を進行させて審理を続行したうえで仲裁判断をしなければならない。被申立人の主張の懈怠に対しては，仲裁手続では，訴訟手続における「擬制自白」は認められていないことによる。

　当事者の一方が，正当な理由なく，審問期日に出席せず，また，証拠等を提出しないときは，仲裁廷は手続を進行し，審理終結して，その時までに提出された申立人の陳述及び証拠などに基づき仲裁判断をすることができる（仲裁法33条3項，モデル法25条（c））。一方当事者の主張の懈怠による欠席仲裁判断（default award）は有効な仲裁判断となる。

III. 仲裁廷による仲裁判断の形式と内容

1. 仲裁廷による仲裁判断書の作成

　仲裁判断は書面によらなければならない。仲裁判断書を作成し，これに仲裁判断をした仲裁人が全員署名しなければならない。ただし，仲裁廷が合議体である場合には，仲裁廷を構成する仲裁人の過半数が署名し，かつ，他の仲裁人の署名がないことの理由を記載すれば足りる。仲裁人全員が署名をしない場合は，欠けている署名については，その理由を付記しなければならないとされる。

　仲裁判断書には，その判断理由を付記しなければならない。ただし，当事者間に別段の合意がある場合は，理由を付記する必要はない。また，仲裁判断書には，これを作成した年月日及び仲裁地を記載しなければならない。仲裁判断は仲裁地において下されたものとみなされる。

　仲裁判断は，裁判の判決のように言い渡しではなく，当事者に仲裁判断の内容を確実に知らせるために，仲裁判断書の写しを送付する方法で各当事者に通知がなされる。その通知の方法は，実務的には郵便，また，クーリエ便等で送付する方法がとられる。

　仲裁判断の形式と内容について，日本仲裁法 39 条（仲裁判断書）では次のように規定されている。モデル法 31 条（判断の形式及び内容）も同趣旨の規定が置かれている。

(1) 仲裁判断をするには，仲裁判断書を作成し，これに仲裁判断をした仲裁人が署名しなければならない。ただし，仲裁廷が合議体である場合には，仲裁廷を構成する仲裁人の過半数が署名し，かつ，他の仲裁人の署名がないことの理由を記載すれば足りる。

(2) 仲裁判断書には，理由を記載しなければならない。ただし，当事者間に別段の合意がある場合は，この限りでない。

(3) 仲裁判断書には，作成の年月日及び仲裁地を記載しなければならない。

(4) 仲裁判断は，仲裁地においてされたものとみなす。

(5) 仲裁廷は，仲裁判断がされたときは，仲裁人の署名のある仲裁判断書の写しを送付する方法により，仲裁判断を各当事者に通知しなければならない。

(6) 第 1 項ただし書の規定は，前項の仲裁判断書の写しについて準用する。

2. 仲裁判断書の記載事項

　仲裁判断書に要求される記載事項については，適用される仲裁法，及び仲裁合意，機関仲裁の場合は適用される仲裁規則によることになる。

　仲裁法に関しては，仲裁判断書の作成において最低限必要とされる事項は，仲裁判断及びその理由，作成の年月日，仲裁地，仲裁人の署名である（仲裁法 39 条，モデル法 31 条）。

　機関仲裁の場合に適用される仲裁規則には，仲裁判断書の具体的，詳細な記載事項の規定が置かれている。

　例えば，JCAA 仲裁では，JCAA 商事仲裁規則 66 条で，仲裁判断書の部数

及び記載事項について以下のとおり規定している。

1　仲裁廷は，当事者の数に1を加えた部数の仲裁判断書を作成する。

2　仲裁判断書には，次の事項を記載しなければならない。

（1）当事者の氏名及び住所（当事者が法人その他の団体である場合には，その名称及び住所並びに代表者の氏名）

（2）代理人がある場合は，その氏名及び住所

（3）主文

（4）手続の経緯

（5）判断の理由

（6）判断の年月日

（7）仲裁地

3　当事者が判断の理由を要しない旨を合意している場合又は第62条第3項の規定により仲裁廷が和解の内容を仲裁判断とした場合は，理由の記載は省略する。この場合には，省略の理由を記載しなければならない。

4　仲裁廷は，仲裁判断書において，第80条第1項に定める費用について，合計額及び当事者間の負担割合を記載しなければならない。ただし，一部仲裁判断においてはこの限りでない。

5　前項の負担割合に基づき一方の当事者が他方の当事者に対して償還すべき額があるときは，仲裁廷は，仲裁判断書の主文において，その額を支払うべき旨の命令を記載しなければならない。

6　仲裁人は，仲裁判断書に署名しなければならない。ただし，仲裁人の数が複数の場合においては，仲裁人の過半数が署名すれば足りる。この場合には，署名が欠けている理由を仲裁判断書に記載しなければならない。

IV. 仲裁判断の判断規準—準拠法

1. 法による仲裁

　国際商事仲裁は，仲裁判断が法的拘束性を有し，国際取引紛争解決において裁判所の役割を代わって果たすものであり，法的判断が求められる。最近の仲裁において，仲裁廷は法によって仲裁判断をすべきことを建前としており，各国仲裁法の多くは，仲裁判断は法によることを要求している。「法による仲裁」の下では，仲裁廷は実体法の判断規準を決定して，それに基づいて仲裁判断を下さなければならない。

　国際商事仲裁においては，仲裁判断にその判断理由を付することが原則として要件とされる。仲裁廷は，その判断に至った理由，論拠を付記しなければならず，これにより仲裁廷による判断のミスリーディングの機会を少なくし，法による仲裁の実効性を高めている。

　また，仲裁判断に理由を付記することは，仲裁判断に取消事由や執行拒絶事由があるか否かの判断資料となり得ること，また，仲裁判断の内容について当事者の納得を得る目的のためでもある。

2. 仲裁判断の判断規準—準拠法

　国際商事仲裁が扱うのは複数国間の当事者の紛争であり，仲裁判断の法的判断において，仲裁廷は，本案について判断する際に準拠すべき法を決定しなければならない。

(1) 当事者間の準拠法の合意がある場合

　仲裁廷が仲裁判断をするうえで，紛争の実体に適用する法については，当事者が準拠すべき法を合意している場合には，その法を適用して仲裁判断をしなければならない。

　日本仲裁法36条1項前段では，「仲裁廷が仲裁判断において準拠すべき法は，

当事者が合意によるところによる。」としている。モデル法28条前段でも，「仲裁廷は，当事者が紛争の実体に適用すべく選択した法の規範に従って紛争を解決しなければならない。」としている。

当事者が準拠すべき法を定めた場合には，仲裁廷はその法を適用して仲裁判断をしなければならないが，仲裁廷がその義務に違反して仲裁判断をした場合には，その違反は仲裁判断の取消原因となるおそれがある（仲裁法44条1項6号，モデル法34条2項（a）（iv））。

「法」（rules of law）という概念は，「国の法令」（law of the state）の他，国際条約（例えばウィーン売買条約等），レックスメルカトリア（lex-mercatoria：例えば国際商事契約原則等）を含む広い範囲の概念を意味するとされている。

国際商取引契約では，通常，契約書に準拠法（governing law）が定められることが多い。例えば，次のようなものである。

"This Agreement shall be governed and construed by and under the laws of Japan."

（本契約は日本法により支配され，解釈されるものとする。）

(2) 当事者間の準拠法の合意がない場合

当事者が仲裁判断において準拠すべき法を合意していない場合，仲裁廷は，仲裁判断に準拠すべき法を決定しなければならない。その決定方法は，モデル法，各国仲裁法により異なる。

モデル法28条2項では，「当事者の指定がなければ，仲裁廷は，適用されると認める法抵触規則によって決定される法を適用されなければならない。」としている。モデル法では仲裁廷は適当と認める法抵触法により実質法を適用することになる。

日本仲裁法36条2項では，「前項の合意がないときは，仲裁廷は，仲裁手続に付された民事上の紛争に最も密接な関係がある国の法令であって事案に直接適用されるべきものを適用しなければならない。」としている。日本仲裁法では，モデル法とは異なり，仲裁廷は，紛争に最も密接な関係のある国の法令を

適用しなければならないとしている。「国の法令」（law of the state）は国家法を意味することになり，「法」より狭い範囲の概念を意味する。

(3) 衡平と善による仲裁判断

衡平と善による仲裁判断では，実体法等の厳格な適用による判断規準にとらわれることなく，仲裁廷が実情にかなうと考える，仲裁廷の専門的知見を生かした判断がされることになる。衡平と善とは，その事案に適した具体的正義の原理を適用することであるとされる。

仲裁法36条3項では，「仲裁廷は，当事者双方の明示された求めがあるときは，前2項の規定にかかわらず，衡平と善により判断するものとする。」としている。衡平と善による仲裁判断は，当事者双方から明示的に求められた場合に限定されている。なお，衡平と善による仲裁判断は，最近ではあまりみられない。

(4) 契約条項と慣習（商慣習）

仲裁廷は，仲裁判断において契約及び慣習（商慣習）を尊重して，当事者間に契約が存在するときは，契約に従って判断し，取引に適用される慣習（商慣習）が存在するときは，その慣習（商慣習）を考慮しなければならない。

仲裁法36条4項では，「仲裁廷は，仲裁手続に付された民事上の紛争に係る契約があるときはこれに定められたところに従って判断し，当該民事上の紛争に適用することができる慣習があるときはこれを考慮しなければならない。」としている。モデル法28条4項では，「いかなる場合にも，仲裁廷は契約の条項に従って決定しなければならず，取引に適用される慣行を考慮に入れなければならない。」としている。

V. 仲裁判断への少数意見（dissent opinion）の取扱い

仲裁廷の仲裁判断の合議において，仲裁人の意見が分かれて，最終的に仲裁

人の過半数によって仲裁判断が下された場合，その判断または理由付けに反対する仲裁人は，仲裁判断書に署名するのを拒否することがある。その場合，仲裁判断書に1人の仲裁人が署名を拒否した理由を記載して他の2人の仲裁人が署名することで仲裁判断ができる（仲裁法39条1項）。

その場合に，仲裁判断自体に，またその理由付けに反対する仲裁人は少数意見の追記を望むと思われる，また，仲裁のユーザーである企業やその代理人にとり不満足な判断となる場合は，少数意見の追記を望むと思われる。仲裁判断の少数意見の付記の許容性の問題は関心のあるところである。仲裁廷は，当事者間に別段の合意がない限りは，仲裁手続ルールに従って少数意見を追記するか否かを決定する権限がある。実際に仲裁判断書に少数意見を付記しているケースもあるが，少数意見の追記を巡って仲裁判断の取消訴訟で争われることもあり，少数意見の追記の是非については以下のように見解が分かれる。

① 少数意見の公表は仲裁人の評議の秘密保持義務の違反と解される見解
② 少数意見の公表を禁止する規定がない以上は，仲裁廷の裁量に委ねられるべきであるとする見解

モデル法，各国の仲裁法には少数意見に関する明文規定は見られない。日本では，仲裁判断に少数意見を付することに関して仲裁判断の取消訴訟で争われた裁判例があるが，仲裁判断への少数意見の記載は，仲裁廷の裁量に委ねられると判示している[1]。

機関仲裁の仲裁手続では，ほとんどの仲裁機関の仲裁規則には少数意見に関する明文規定はみられない。しかし，JCAA商事仲裁規則には少数意見の公表を禁止する規定が設けられている点に留意しておくべきである。当事者が合意した仲裁規則は仲裁手続の準則となるので，JCAA商事仲裁規則に基づく仲裁では少数意見の記載は認められない。

---

1 東京高判平成30年8月1日判例時報2415号：仲裁判断の取消訴訟において，少数意見の付記につき，国内民事訴訟手続に関する緻密な解釈によることなく，国際的に通用する仲裁法の解釈を前提にすべきであると判断して，仲裁判断の取消しを認めた原決定を取り消した裁判例である。

　JCAA 商事仲裁規則 63 条（少数意見の公表禁止）では，「3 人の仲裁人で構成される仲裁廷の場合，仲裁判断には第 32 条第 1 項及び第 2 項に基づく仲裁廷としての決定のみを記載し，仲裁人は，その少数意見をいかなる形であれ仲裁廷の外に漏らしてはならない。」としている。

VI. 仲裁判断の秘密性と公開

1. 国際商事仲裁における仲裁判断の秘密性と公開

　仲裁の特質，メリットに，手続及び仲裁判断の秘密性，非公開性がある。仲裁を利用するユーザーである企業としては，自社の揉め事，秘密情報を一般に公開しないで，秘密性を確保できることに大きなメリットがあり，仲裁を利用する要因の 1 つに挙げられる。

　しかし，手続，仲裁判断について，モデル法，日本仲裁法を含むほとんどの仲裁法には，秘密性，非公開性の規定は置かれていない。

　機関仲裁を利用する場合は，通常，当事者が合意した仲裁手続の準則となる仲裁規則に手続，仲裁判断の秘密性，非公開性の規定が置かれており，当事者及び，関係者はこれに拘束されることになる。

　例えば，JCAA 商事仲裁規則 42 条（非公開・守秘義務）1 項では，「仲裁手続及びその記録は，非公開とする。」として，同 2 項で，「仲裁人，当事者，その代理人及び補佐人，JCAA の役職員その他の仲裁手続に関係する者は，仲裁事件に関する事実又は仲裁手続を通じて知り得た事実を他に漏らしてはならず，これらに関する見解を述べてはならない。ただし，その開示が法律に基づき又は訴訟手続で要求されている場合その他の正当な理由に基づき行われる場合には，この限りでない。」として仲裁規則で仲裁判断の秘密性を確保している。

　UNCITRAL 仲裁規則（2020 改訂版）34 条 5 項では，「仲裁判断は，すべての当事者の合意に基づき，もしくは，その開示が権利を保護し追求するために，または，裁判所または権限を有する官庁の面前での法的手続に関連して，法的な義務によりある当事者に求められている場合とその範囲において，公開され

うる。」としており，当事者の合意がない限り，または法的義務により当事者に求められないかぎりは公開されない。

　しかしながら，アドホック仲裁を利用する場合は，当事者間で手続，仲裁判断の秘密性，非公開の合意が必要となる。機関仲裁でも仲裁規則に手続，判断の秘密性，非公開の規定を置いてない場合は，当事者間で別途秘密性，非公開の合意が必要となる。そのような場合には，規定される仲裁条項の追加条項として以下のような追加規定を設けておくべきである。

"The existence and content of the arbitral proceedings and any rulings or award shall be kept confidential by the parties and members of the arbitral tribunal and concerned members except to the extent that disclosure may be required of a party to fulfil a legal duty, protect or pursue a legal right, or enforce or challenge an award in legal proceedings before a state court or order judiciary authority, or with the consent of all parties."

2. 投資仲裁の仲裁判断の公開性

　企業間の商事紛争を対象とする国際商事仲裁に対して，投資仲裁は，ISDS条項[2]に基づき投資家と投資受入国家との間の投資紛争を解決するための仲裁又は仲裁手続をいう。わが国が締結している多くの投資関連協定の ISDS 条項では，投資家は ICSID[3] または UNCITRAL 仲裁規則[4] に基づき投資受入国家に対し仲裁を申し立てることができる規定が置かれている。

　投資協定仲裁の場合は，仲裁判断が国の政策や人権などの公益に関わることから，仲裁手続は公開を原則とする。

----

2 ISDS（Investor-State Dispute Settlement）とは，投資協定に基づき将来発生するかもしれない投資家と投資受入国家との間の投資紛争の解決をいう。

3 ICSID は International Center for Settlement of Investment Disputes の略称で，投資家と投資受入国家との紛争を解決するための仲裁及び調停を行っている。

4 UNCITRAL 仲裁規則は企業間の商事紛争仲裁，また，投資家と投資受入国家との間の投資紛争仲裁にも広く利用されている。

投資仲裁の ICSID 仲裁や UNCITRAL 仲裁では，規則を改正・導入して手続が公開されることを認めている。

ICSID 仲裁の場合，仲裁申立てがなされた事実及び仲裁手続の終了した事実，仲裁判断の法的な理由付けは公開される。

UNCITRAL 仲裁の場合，「投資協定に基づく投資家・国家間仲裁に関する透明性規則」（"UNCITRAL Rules on Transparency in Treaty-based Investor-State Arbitration"）が適用される場合は，原則手続は公開される。同規則が適用されると，仲裁判断のみならず主張書面や専門家証人の鑑定書，審問の記録なども公開されることになる。

VII. 仲裁手続の終了

仲裁手続は，終局仲裁判断による終了以外に，仲裁廷による仲裁手続を終了させる決定を行うことで終了する。例えば，申立人が申立てを取り下げた場合，当事者が手続の取り下げ，終結を合意した場合，仲裁廷が手続の続行が不可能，不要と認めた場合などは仲裁廷の命令により仲裁手続は終了する。

モデル法 32 条（手続の終結）(1) では，「仲裁手続は，終局判断又は本条 (2) に従う仲裁廷の命令により終結する。」と規定している。そして (2) で，「仲裁廷は，次のいずれかの場合には，仲裁廷の命令を発しなければならない。」としている。

(a) 申立人が申立てを取り下げたとき。ただし被申立人が紛争の最終的解決に達する正当な利益を有すると仲裁廷が認める場合はこの限りではない。

(b) 当事者が手続の終結に合意したとき

(c) 仲裁廷が，手続の続行をその他の理由により不要又は不可能と認めたとき

(d) 仲裁廷の任務は，33 条及び 34 条 (4) 項に定める場合を除き，仲裁手続の終結によって終了する。

日本仲裁法 40 条（仲裁手続の終了）に実質的に同様の規定が設けられている。

仲裁に要する費用の検討

　仲裁は当事者自治による解決手段であり，仲裁に要する費用はすべて当事者負担である。仲裁に要する費用としては，①仲裁人報酬，②管理料金，③仲裁手続に要する費用（審問施設費用，通訳，他），④代理人の報酬等の費用が発生する。ケースによっては仲裁に要する費用が当事者にとり大きな負担となることは少なからずある。仲裁人報酬や管理料金などは利用する仲裁機関により相当異なってくるので，利用する仲裁機関の仲裁規則を検証する必要がある。なお，当事者が負担する仲裁費用の負担割合は，仲裁廷が仲裁判断を下す際に決定され，仲裁判断書に記載される。

　仲裁費用は利用する仲裁機関の仲裁規則により異なるが，例えば，JCAA商事仲裁規則に基づく仲裁で，紛争金額（申立時の請求金額）が10億円で，仲裁人を3人とする場合，管理料金が300万円，仲裁人報酬は3,360万円となる。請求金額が1億円で，仲裁人を1人とした場合は，管理料金が130万円，仲裁人報酬は400万円である（JCAAホームページより引用）。上記費用例は代理人弁護士報酬が含まれていない。代理人費用がどの程度の割合になるかはケースにより異なるが，相当程度の割合が見込まれるので代理人弁護士費用を念頭において検討すべきである。

　仲裁費用の低減の方策の検討において，例えば，仲裁人の数であるが，上述のとおり，仲裁人の数によりかかる費用は相当異なる，また，仲裁人報酬は時間チャージが中心であり，仲裁手続時間を短縮することで費用の節約となる。例えば，JCAA商事仲裁規則の迅速仲裁手続を利用すれば，原則，仲裁人は1人で，仲裁廷構成より6カ月以内に仲裁判断が下されるので，大幅な時間と費用の節約となる。また，仲裁に行く前に早期，経済的に解決できる調停（mediation）による解決を試みることも一案である。

第12講

仲裁判断後の問題点と仲裁判断の取消し

仲裁廷が終局仲裁判断を下すことで仲裁廷の任務，権限は終了することになる。しかし，仲裁判断後に，仲裁判断の訂正や追加判断の問題が発生することがあり，仲裁廷はそれらの問題を処理する役割が残されている。

第12講では，仲裁判断後の課題である，仲裁判断後の訂正，解釈，追加問題を取り上げて検討，解説する。また，仲裁判断の取消手続について検討，解説する。

Ⅰ. 仲裁判断後の問題—仲裁判断後の訂正，解釈，追加

仲裁廷は仲裁判断を書面で作成，署名して当事者に送付して，当事者がそれを受領することで仲裁廷の任務，権限は終了する。仲裁廷が終局仲裁判断を下すことで，申し立てられた仲裁に対する仲裁廷の管轄権はなくなる（functus officio）。

しかし，仲裁判断後の問題点（post award issues）として，仲裁判断の訂正（correction），仲裁判断の解釈（interpretation），追加仲裁判断（additional award）の問題が発生することがある[1]。仲裁廷は以下に挙げる問題の処理をする役割，権限が残されており，多くの仲裁法，仲裁規則で仲裁廷のそれらの権限を認めている。

仲裁判断後の訂正，解釈，追加判断の制度は，上訴，再審の手続ではない。その目的は，仲裁判断の正確性，精度を高めることで，仲裁判断の効力，執行性をより高めることにある。また，仲裁判断の取消し，仲裁判断の承認・執行の拒否を少なくすることにもなる。

① 仲裁判断の訂正（correction）：仲裁判断に計算違い，書面上の誤記等の誤りがある場合，仲裁廷は，当事者の申立てにより，それらの訂正を行うことができる。仲裁判断の訂正は職権ですることもできる。

② 仲裁判断の解釈（interpretation）：仲裁判断に不明瞭，不明確な部分がある場合に，当事者の申立てにより，仲裁廷はその特定の部分の解釈について訂正をするか又はその解釈を示すことができる。仲裁判断の解釈は職権ですることはできない。

③ 追加仲裁判断（additional award）：仲裁手続中に当事者から仲裁廷に申

---

1 国際商業会議所国際仲裁裁判所（ICC Court of Arbitration）では，仲裁判断後の訂正，解釈等の問題を防ぐために，仲裁廷が作成する仲裁判断の審査（scrutiny of award）制度を設けている。ICC 仲裁規則 29 条の下では，仲裁廷が仲裁判断に署名して，当事者に送付する前に，仲裁廷が作成する仲裁判断のドラフトを ICC Court に送付し，仲裁判断の審査を受け承認を得なければならない。

し立てられた問題について，終局仲裁判断にその申立ての問題について
の判断が示されていない場合，当事者は，仲裁廷に対して，その申立て
の問題についての仲裁判断を求める申立てをすることができる。仲裁廷
は，当該申立てについて，追加の仲裁判断をするか否か決定しなければ
ならない。追加仲裁判断は職権ですることはできない。

　UNCITRAL国際商事仲裁モデル法（モデル法），日本仲裁法及び各国の仲
裁法に，仲裁判断の訂正，解釈，追加仲裁判断の規定が置かれている。また，
各仲裁機関の仲裁規則，UNCITRAL仲裁規則，JCAA商事仲裁規則にも，仲
裁判断の訂正，解釈，追加仲裁判断の規定が置かれている。

1. 仲裁判断の訂正

　仲裁判断の訂正は仲裁廷により行われるが，仲裁廷の仲裁判断の訂正の権限
は，仲裁判断書における，事務上の誤り，計算違い，書面上の誤記等の訂正に
限定されており，仲裁判断の内容を訂正するものではない。仲裁判断の訂正は
仲裁廷の職権でもすることができる。
　当事者の申立ては一定の期限内にしなければならない。申立てをするとき
は，他方当事者に対しても申立ての内容を通知しなければならない。仲裁廷は
申立ての日から一定期限内に当該申立てについて決定をしなければならない。
　仲裁法41条では仲裁判断の訂正について以下の条件，要件等を定めている。
① 仲裁廷は，当事者の申立てにより又は職権で，仲裁判断における計算違
　い，誤記その他これらに類する誤りを訂正することができる。
② 前項の申立ては，当事者間に別段の合意がない限り，仲裁判断の通知を
　受けた日から30日以内にしなければならない。
③ 当事者は，第1項の申立てをするときは，あらかじめ，又は同時に，他
　の当事者に対して，当該申立ての内容を記載した通知を発しなければな
　らない。
④ 仲裁廷は，第1項の申立ての日から30日以内に，当該申立てについての
　決定をしなければならない。

⑤ 仲裁廷は，必要があると認めるときは，前項の期間を延長することができる。

⑥ 第39条の規定は，仲裁判断の訂正の決定及び第1項の申立てを却下する決定について準用する。

　モデル法33条1項（a）では，「一方の当事者は，他の当事者に通知して，仲裁廷に対し，判断に存する計算の誤り，書き誤り，誤植又はこれと同種の誤りの訂正を申し立てることができる。」としている。同33条2項では，「仲裁廷は判断の日から30日以内に，本条1項（a）に定めるところと同類の誤りを職権で訂正することができる。」としている。

　当事者の合意により仲裁手続の準則となる各仲裁機関の仲裁規則にも規定が置かれている。JCAA商事仲裁規則では，68条1項で「仲裁廷は，当事者の書面による申立てにより又は職権で，仲裁判断における計算違い，誤記その他これらに類する誤りを訂正することができる。」として，同2項で「当事者は，仲裁判断書を受領した日から4週間以内に限り，仲裁廷に対し，仲裁判断の訂正の申立てをすることができる。」としている。

　UNCITRAL仲裁規則では，38条1項で「仲裁判断書の受領後30日以内に，当事者は，他の当事者への通知書を添付して，仲裁廷に仲裁判断書における計算の誤り，事務上のまたはタイプ印刷の誤り，もしくは，同じ性質の誤りや遺漏を更正するよう要請することができる。仲裁廷が，その要請が正当化されると考慮するときには，その要請の受領後45日以内に更正するものとする。」とし，同2項で「仲裁廷は，仲裁判断の送達後30日以内に，自らの発意でそのような更正をなすことができる。」，また同3項で「そのような更正は，文書でなされるものとし，仲裁判断書の一部を構成するものとする。第34条第2項ないし第6項の規定が適用されるものとする。」としている。

2.　仲裁廷による仲裁判断の解釈

　仲裁廷による仲裁判断の解釈は，仲裁判断がされた後，仲裁判断の文言や表現などが曖昧で，その真意を明確にする必要のある場合に利用される制度であ

る。例えば，仲裁人が母語以外の言語で作成した仲裁判断書に曖昧な文言や表現の部分がある場合に，仲裁判断後にそれらの解釈を明確化するために当事者が仲裁廷に仲裁判断の解釈を申し立てることがある。

仲裁判断の解釈については，仲裁判断の訂正とは違って，通常では認められない。当事者の申立てが必要であり，かつ，当事者間にその申立てをすることができる旨の合意がある場合に限られる。仲裁判断に不服の当事者がこの制度を濫用することを防止するために，当事者間にその申立てをすることができる合意がある場合に限定して，仲裁判断の解釈の申立ての条件を厳しくしている。仲裁廷の職権ではすることはできない。

仲裁廷による仲裁判断の解釈は，文言や文章の意味内容を補充的に明確化するために仲裁判断の特定の部分の解釈を求めることができるのであって，法律解釈等を求めることはできない。

仲裁法，仲裁機関の仲裁規則には仲裁廷による仲裁判断の解釈の条件，要件の規定が置かれている。

仲裁法42条1項では，「当事者は，仲裁廷に対し，仲裁判断の特定の部分の解釈を求める申立てをすることができる。」，同2項で，「前項の申立ては，当事者間にかかる申立てをすることができる旨の合意がある場合に限り，することができる。」，同3項で，「前条第2項及び第3項の規定は第1項の申立てについて，第39条並びに前条第4項及び第5項の規定は第1項の申立てについての決定について，それぞれ準用する。」としている。

モデル法33条1項（b）では，「当事者の合意があれば，一方の当事者は，他方の当事者に通知して，仲裁廷に対し判断の特定の点又は部分の解釈を示すように求めることができる。仲裁廷が申立てを正当と認めるときは，申立て後30日以内に訂正をなし，又は解釈を示さなければならない。解釈は判断の一部となる。」としている。

当事者が合意する仲裁規則は手続準則となるが，JCAA商事仲裁規則69条では，「当事者は，仲裁判断書を受領した日から4週間以内に限り，仲裁廷に対し，仲裁判断の特定の部分の解釈を求める申立てを書面によりすることができる。」としている。

UNCITRAL 仲裁規則 37 条 1 項で,「仲裁判断書の受領後 30 日以内に,当事者は,他の当事者への通知書を添付して,仲裁廷が仲裁判断の解釈をなすことを要請することができる。」として,同 2 項で,「その解釈は,要請書の受領後 45 日以内に,文書で与えられるものとする。その解釈は仲裁判断書の一部を構成し,また,第 34 条第 2 ないし第 6 項が適用されるものとする。」としている。

3. 追加仲裁判断

当事者は,仲裁手続中に仲裁廷に提起した申立てのうち,仲裁判断で判断されなかった,判断から逸脱していた申立てについて,仲裁廷に対して追加判断をする申立てをすることができる。多くの国の仲裁法,仲裁規則には,追加仲裁判断の条件と要件についての規定を置いており,仲裁廷が追加の仲裁判断をすることを認めている。

追加の仲裁判断の申立ての条件,要件は適用される仲裁法,仲裁規則により異なるが,当事者は,「当事者間で別段の合意をしていない限り」,「他方当事者に通知して」,一定期限内に仲裁廷に申し立てなければならないとされる。申立ての条件に「当事者間で別段の合意をしていない限り」とあるが,当事者が追加仲裁判断の申立てを排除する合意を認めている。また,仲裁廷に対して申し立てる場合は,他方当事者への通知を条件としている。追加の仲裁判断は当事者の申立てがある場合に限られ,仲裁廷の職権で行うことはできない。

仲裁廷は一定の期限内に当事者の追加仲裁判断の申立てについて,仲裁廷が,申立てを正当と認めるときは,追加判断をしなければならない。その追加判断は,改めて仲裁判断書を作成することになり,先行する仲裁判断とは別個独立した仲裁判断となる。仲裁廷が追加判断をするために新たに審理を行って判断するとなれば,追加判断の内容により異なってくるが,相当の労力,時間を要することになり,当事者はそれに要する費用を負担しなければならないことを考慮しておく必要がある。

仲裁法 43 条 1 項で,「当事者は,仲裁手続における申立てのうちに仲裁判断において判断が示されなかったものがあるときは,当事者間に別段の合意がな

い限り，仲裁廷に対し，当該申立てについての仲裁判断を求める申立てをすることができる。この場合においては，第41条2項及び3項の規定を準用する。」とし，同2項で，「仲裁廷は，前項の申立ての日から60日以内に，当該申立てについての決定をしなければならない。この場合においては，第41条5項の規定を準用する。」としている。

モデル法33条3項では，「当事者が別段の合意をしていない限り，当事者は，他方当事者に通知して，判断受領後の30日以内に，仲裁廷に対し，仲裁手続中に提起されながら判断から逸脱していた申立てについて追加判断するよう申立てすることができる。仲裁廷が，申立てを正当と認めるときは，60日以内に追加判断をしなければならない。」としている。

JCAA商事仲裁規則70条では，「当事者は，仲裁手続において申し立てられた請求のうち仲裁判断において判断が示されなかったものがあるときは，仲裁判断書を受領した日から4週間以内に限り，仲裁廷に対し，その申立てについての仲裁判断を求める申立てを書面によりすることができる。」としている。

UNCITRAL仲裁規則39条では，同1項で，「終了命令または仲裁判断書の受領後30日以内に，当事者は，他の当事者に通知して，仲裁手続において主張されたが仲裁廷により決定されなかった請求に関して仲裁判断または追加的仲裁判断をなすよう仲裁廷に要請することができる。」として，同2項で，「仲裁廷が仲裁判断または追加的仲裁判断の要請を正当化されると考慮するときには，仲裁廷は，要請の受領後60日以内にその仲裁判断をなし，または，補完するものとする。仲裁廷は，必要があるときには，仲裁判断をなす期限を延長することができる。」としている。

Ⅱ．仲裁判断の取消し

仲裁は一審制度であり，仲裁廷により下される仲裁判断は最終的なものであり，当事者を法的に拘束する。仲裁法では，「仲裁判断（仲裁地が日本国内にあるかどうかを問わない。以下この章において同じ。）は，確定判決と同一の効力を有する。」（同45条1項）としている。モデル法では，「仲裁判断は，そ

れがなされた国のいかんにかかわらず拘束力のあるものとして承認されなければならない。」(同35条1項)としている。ニューヨーク条約では,「各締約国は,仲裁判断を拘束力のあるものとして承認し,かつ,その判断が援用される領域の手続規則に従って執行するものとする。」(同3条)としている。

仲裁判断の内容について不服があっても,仲裁判断の内容の不服に対する上訴制度はない。仲裁廷が下した仲裁判断に対して裁判所の不服申立ては,取消しの申立てによってのみすることができる。当事者が有する唯一の救済方法は,裁判所に仲裁判断の取消しを求める裁判を提起することである[2]。

仲裁判断の取消しは,仲裁判断の承認・執行拒否の事由とされており,実務上,当事者にとり,仲裁判断の承認・執行を防御する手段ともなる。取り消された仲裁判断は,承認・執行拒否事由の1つに挙げられている。承認・執行拒否の申立てにおいて,取り消された仲裁判断であるという異議が認められるためには,仲裁判断の取消しを求める申立てをしただけでは足りず,仲裁判断が終局的に取り消されていなければならない。

仲裁法45条2項7号では,仲裁判断の承認拒否事由に,「仲裁判断が属する国(仲裁手続に適用された法令が仲裁地が属する国以外の国の法令である場合にあっては,当該国)の法令によれば,仲裁判断が確定していないこと,又は仲裁判断がその国の裁判機関により取り消され,若しくは効力を停止されたこと。」を挙げている。

モデル法36条1項(ⅴ)では,承認又は執行の拒否事由として「判断が,未だ当事者を拘束するにいたっていないか,その判断がされた国,若しくはその法律のもとで判断がされたところの国の裁判所により,取消しされもしくは停止されたこと。」を挙げている。また,ニューヨーク条約5条1項(e)に,承認・執行拒否事由として,「判断が,まだ当事者を拘束するものとなるに至っていないこと又は,その判断の基礎となった法令の属する国の権限ある機関により,取り消されたか若しくは停止されたこと。」を挙げている。

---

2 仲裁判断の承認・執行の申立てが裁判所に提起された場合に,被告となる当事者は,承認拒絶事由がある場合は,その承認・執行の拒否を申し立てることができる。

なお，一部の国では，仲裁地の裁判所で終局的に仲裁判断が取り消されているにもかかわらず，承認・執行を認めているケースもある [3]。

1. 仲裁判断取消しの申立て

仲裁手続に瑕疵がある場合，又は仲裁判断の内容が公序良俗に反する場合等の限られた事由であるが，当事者は，仲裁判断が自己に不利益なものである場合には，仲裁判断の取消しを裁判所に申し立てることができる（仲裁法 44 条 1 項，モデル仲裁法 34 条 1 項）。仲裁判断の取消しの裁判は，当事者の申立てが必要となる。仲裁判断の取消しは裁判所の職権で開始されることはない。

2. 仲裁判断取消しの申立ての管轄裁判所

仲裁廷により下された仲裁判断の取消申立ては，取消しの審理を行う権限のある管轄裁判所に申し立てることになる。管轄裁判所は，仲裁判断が下された地である「仲裁地」（seat/place）の裁判所である。例えば，仲裁判断が下された地である「仲裁地」が日本の場合は，当事者は，日本の管轄裁判所に仲裁判断取消の申立てを行うことができる。日本でも仲裁判断取消訴訟は少なからず発生している [4]。

---

3 仲裁判断が取り消されているにもかかわらず，ニューヨーク条約の枠組みの外で，当該仲裁判断の承認・執行を認める場合もある。例えば，フランスは仲裁判断がされた国で取り消されていた場合でも，ニューヨーク条約 7 条 1 項により，ニューヨーク条約ではなく，フランス法に基づいて仲裁判断の承認・執行を認めている。
同 7 条 1 項「この条約の規定は，締約国が締結する仲裁判断の承認及び執行に関する多数国間条約又は二国間条約の合意の効力に影響を及ぼすものではなく，また，仲裁判断が援用される国の法令又は条約により認められる方法及び限度で関係する当事者が仲裁判断を利用するいかなる権利も奪うものではない。」
4 日本の仲裁判断取消事件としては，例えば，仲裁人の独立，公正性の疑義について開示を怠り，非開示の状況で下された仲裁判断について仲裁の開示義務違反が仲裁法 44 条 1 項 6 号に該当するとして仲裁判断が取り消された事件（大阪高決平成 31 年 3 月 11 日判例タイムズ 1468 号 65 頁），他，近年，仲裁判断で敗れた当事者が，仲裁法 44 条 1 項の公序違反（8 号），仲裁手続違背（6 号）を理由として仲裁判断の取消申立てをする訴訟が増えている。

3. 仲裁判断の取消しの裁判の申立期間の制限

　仲裁判断が下されてから，何カ月間，何年間も長期にわたり，仲裁判断を不安定な状況にしておくことはできない。仲裁判断の最終性の性格から，仲裁判断の取消しは仲裁判断が下されてからできるだけ早く申し立てなければならない。日本仲裁法，モデル法，各国の仲裁法では，仲裁判断の取消申立期間の制限を設けている。

　仲裁法では，裁判所に対する取消しの申立は，仲裁判断の通知がなされてから3カ月以内で，仲裁判断の執行決定がなされる前とされる。同44条2項では，「前項の申立ては，仲裁判断書（第41条から前条までの規定による仲裁廷の決定の決定書を含む。）の写しの送付による通知がなされた日から3箇月を経過したとき，又は第46条の規定による執行決定が確定したときは，することができない。」としている。モデル法34条3項では，「取消しの申立ては，申立てをする当事者が判断を受領した日から，又は第33条（判断の訂正及び解釈，追加的判断）に基づく申立てをしたときは，仲裁廷がその申立てを処置した日から3カ月を経過した後は，することができない。」としている。

4. 仲裁判断取消しの裁判の方式

　仲裁判断の取消しの裁判の方式は，日本では，判決手続ではなく，決定手続の方式で行うものとしている。他の諸国においても裁判の方式を決定手続にしている例が多くみられる。

　判決手続方式は，口頭弁論を経て判決が下され，また，三審制であり，時間がかかることになる。仲裁手続は一審限りの迅速な解決を期する紛争解決制度であり，早期解決が望ましい。仲裁判断の取消しの裁判も機動的な審理によって早期に決着を図ることが求められるため，必ずしも口頭弁論によらず，当事者双方が立ち会う尋問方式により手続を行うことができる。また，三審制ではなく，申立決定に対する不服は即時抗告によるものとしている。

　仲裁法44条8項では，「第1項の申立てについての決定に対しては，即時抗告をすることができる。」としている。

5. 仲裁判断の取消事由

　仲裁判断の取消事由は，仲裁手続に基本的瑕疵がある場合，及び仲裁適格性，仲裁判断の公序良俗違反に限られる。仲裁判断取消の申立てを行う当事者は，取消事由のうち「仲裁適格性」と「判断内容の公序良俗違反」以外の事由に関しては，仲裁判断の取消事由の存在を証明しなければならない。取消事由として挙げられている「仲裁適格性」と「判断内容の公序良俗違反」については，申立てを行う当事者の証明がなくても，裁判所が職権で判断できる。

　取消事由については仲裁法 44 条に規定が置かれており，同 44 条 1 項では，当事者は，次に掲げる事由があるときは，裁判所に対し，取消しの申立てをすることができるとしている。

1　仲裁合意が，当事者の行為能力の制限により，その効力を有しないこと。

2　仲裁合意が，当事者合意により仲裁合意に適用すべきものとして指定した法令（当該規定がないときは，日本の法令）によれば，当事者の行為能力の制限以外の事由によりその効力を有しないこと。

3　申立人が，仲裁人の選任手続又は仲裁手続において，日本の法令（その法令の公の秩序に関しない規定に関する事項について当事者間に合意があるときは，当該合意）により必要とされる通知を受けなかったこと。

4　申立人が，仲裁手続において防御することが不可能であったこと。

5　仲裁判断が，仲裁合意又は仲裁手続における申立ての範囲を超える事項に関する判断を含むものであること。

6　仲裁廷の構成又は仲裁手続が日本の法令（その法令の公の秩序に関しない規定に関する事項について当事者間に合意があるときは，当該合意）に違反するものであったこと。

7　仲裁手続における申立てが，日本の法令によれば，仲裁合意の対象とすることができない紛争に関するものであること。

8　仲裁判断の内容が，日本における公の秩序又は善良の風俗に反すること。

　モデル法 34 条 2 項では，仲裁判断は，次の各号に掲げる場合にのみ，6 条

に定める裁判所が取り消すことができるとしている。

 (a) 取消しの申立てをした当事者が次の証明を提出した場合

  (ⅰ) 第7条に定める仲裁合意の当事者が，無能力であったこと，又はその仲裁合意が，当事者がそれに準拠することとした法律もしくはその指定がなかったときはこの法律の下で，有効でないこと。

  (ⅱ) 取消しの申立てをした当事者が，仲裁人の選定もしくは仲裁手続について適当な通告を受けなかったこと，又はその他の理由により主張，立証が不可能であったこと。

  (ⅲ) 判断が，仲裁付託の条項で予見されていないか，その範囲内にない紛争に関するものであるか，仲裁付託の範囲を超える事項に関する判定を含むこと。ただし，仲裁に付託された事項に関する判定が，付託されなかった事項に関する判定から分離されうる場合には，仲裁に付託されなかった事項に関する判定を含む判断の部分のみを取り消すことができる。

  (ⅳ) 仲裁廷の構成又は仲裁の手続が，当事者の合意に従っていなかったこと，又はかかる合意がないときは，この法律に従っていなかったこと。ただし当事者の合意がこの法律の規定のうち，当事者が排除することができない規定に反している場合はこのかぎりでない。

 (b) 裁判所が次のことを認めた場合

  (ⅰ) 紛争の対象事項がこの国の法のもとでは仲裁による解決が不可能であること。

  (ⅱ) 判断がこの国の公序に反すること。

第13講

仲裁判断の承認及び執行

　仲裁廷が下す仲裁判断は強制執行が可能である。仲裁判断を外国で強制執行をする場合は，通常，ニューヨーク条約を利用する。

　第13講では，仲裁判断の承認と執行について，特に外国仲裁判断の承認と執行について取り上げて，承認，執行の申立ての条件について，特にニューヨーク条約について検討，解説する。

Ⅰ. 仲裁判断の承認及び執行

　仲裁判断の承認及び執行は国際仲裁のメリットであり，国際仲裁の振興の重要な要素であり，大きな役割を果たしている。終局的仲裁判断が下されて，当事者がその判断に従って任意履行しない場合に，仲裁判断の法的効力が認められて執行が可能であることは，当事者の任意履行の比率を高めることにもなる。実際に，仲裁判断後に当事者がその判断内容に従って任意履行する比率は高い[1]。

　外国仲裁判断の承認及び執行において，仲裁判断がなされる国と当該仲裁判断の執行が行われる国とが異なる。したがって，当事者は，仲裁判断の承認及び執行を求める国の裁判機関に対して執行を申し立てることになる。通常は，ニューヨーク条約に基づく外国仲裁判断の承認及び執行の申立てとなるが，ニューヨーク条約に加盟していることで，そのまま承認及び執行が可能となるというものではないことに留意する必要がある。外国仲裁判断の承認及び執行は次のような問題を含む。

　① 仲裁判断の承認と執行の区別と関係について。
　② 内国仲裁判断と外国仲裁判断の区別について。
　③ 外国仲裁判断の承認及び執行の申立てについて。
　④ 仲裁判断の承認及び執行の拒絶事由について。
　⑤ ニューヨーク条約に基づく外国仲裁判断の申立てについて。
　⑥ ニューヨーク条約の適用範囲と商事仲裁留保と相互承認留保について。
　⑦ ニューヨーク条約と国内法との間の優劣関係について。
　⑧ ニューヨーク条約以外の多数国間条約，二国間条約の適用について。

---

1 日本商事仲裁協会（JCAA）の統計〈2000 ～ 2020 年〉によると約 9 割を超える紛争が JCAA の仲裁判断の内容に沿って解決されている。また，2010 年以降 JCAA 仲裁判断の執行が外国裁判所で拒絶された事件はない。

1. 仲裁判断の承認と執行の区別と関係

　仲裁判断の執行に関して，ほとんどの国内仲裁法，ニューヨーク条約では，仲裁判断の承認（recognition）と執行（enforcement）を区別して併記している。

　国家裁判所が司法手続により，仲裁判断が拘束力のあることを認めることが仲裁判断の承認である。その仲裁判断の内容を国家裁判所が，司法手続によって実現，実行することが仲裁判断の執行である。

　当事者が仲裁判断に従って任意履行しない場合，多くのケースは金銭の請求に関するものであるが，国家裁判所に仲裁判断の履行強制（民事執行）を申し立てることになる。

　日本仲裁法（仲裁法）では，同 45 条で仲裁判断の承認の要件と効力について，同 46 条で仲裁判断に基づく執行のための必要な手続について定めている。UNCITRAL 国際商事仲裁モデル法（モデル法）では，同 35 条に仲裁判断の承認及び執行について定めている。

　仲裁法 45 条 1 項では，「仲裁判断（仲裁地が日本国内にあるかどうかを問わない。以下この章において同じ。）は，確定判決と同一の効力を有する。ただし，当該仲裁判断に基づく民事執行をするには，次条の規定による執行決定がなければならない。」としている。モデル法 35 条 1 項では，「仲裁判断は，それがなされた国のいかんにかかわらず，拘束力あるものとして承認され，管轄を有する裁判所に対する書面による申立てがあれば，本条及び 36 条の規定に従い，執行されなければならない。」としている。

2. 内国仲裁判断と外国仲裁判断

　仲裁判断の承認及び執行において，内国仲裁判断（domestic award）と外国仲裁判断（foreign award）に区別される。各国の仲裁法では，①内国仲裁判断と外国仲裁判断とを分けたうえで，それぞれについて適用される仲裁法，また仲裁判断の承認及び執行の要件，手続について定めている場合，②内国仲裁判断と外国仲裁判断を区別しないで，双方について適用される仲裁法で，仲

裁判断の効力を認めて，その仲裁判断の承認及び執行の要件，手続について定めている場合がある。

内国仲裁判断と外国仲裁判断を区別する基準については，当事者の国籍，仲裁地，仲裁契約の準拠法などが考えられるが，大きく仲裁地基準と準拠法基準の2つがある。

① 仲裁地基準：仲裁地を基準に仲裁地が外国の場合を外国仲裁判断とする考え方
② 準拠法基準：仲裁契約の準拠法を基準に，外国仲裁判断とする考え方

日本の仲裁法では，内国仲裁判断と外国仲裁判断を区別しない。仲裁地が日本国内にあるか外国にあるかを問わず仲裁判断は確定判決と同一の効力を有するとして，その効力を認めている（仲裁法45条1項）。モデル法でも仲裁判断がなされた国のいかんにかかわらず，仲裁判断は効力を有するとしている（モデル法35条1項）。

II. 外国仲裁判断の承認，執行

外国仲裁判断の承認及び執行は，一般には，ニューヨーク条約に基づき，執行を求める国の裁判機関に申し立てることになるが，外国仲裁判断の承認及び執行の手続，制度，また，裁判所の運用実態は国ごとに異なる。

ニューヨーク条約に基づく外国仲裁判断の承認及び執行に関しては，その執行を求める国における外国仲裁判断の承認及び執行に関する法制度，また，裁判所の運用実態の実情を調査，検討する必要がある。ニューヨーク条約に加盟している国であっても，外国仲裁判断の承認及び執行を支持する協力的，親和的な国もあれば，非協力的，否定的で，外国仲裁判断の承認及び執行を拒絶する傾向にある国もある。

1. 外国仲裁判断の承認及び執行の申立て

仲裁判断に基づいて民事執行を求める当事者は，当該国の裁判所に対して仲

裁判断の承認及び執行を求めなければならない。

　例えば，外国で下された仲裁判断について日本の裁判所に執行を求める場合に，ニューヨーク条約に基づくのか，または国内仲裁法に基づくのかの問題がある。例えば，非締約国である台湾で下された仲裁判断を日本で執行が求められる場合に，ニューヨーク条約の適用はできないので，国内仲裁法に基づくことになる（仲裁法45条1項）。仲裁判断の執行決定[2]を求める申立てに係る事件の管轄裁判所は，債務者の財産所在地を管轄する地方裁判所である。

　仲裁法46条1項では，「仲裁判断に基づいて民事執行をしようとする当事者は，債務者を被申立人として，裁判所に対し，執行決定（仲裁判断に基づく民事執行を許す旨の決定をいう。以下同じ。）を求める申立てをすることができる。」としている。

　執行申立てをする場合の書類に関して，改正仲裁法46条2項では，「前項の申立てをするときは，仲裁判断書の写し，当該写しの内容が仲裁判断書と同一であることを証明する文書及び仲裁判断書（日本語で作成されたものを除く。以下，この項において同じ。）の日本語による翻訳分を提出しなければならない。ただし，裁判所は，相当と認めるときは，被申立人の意見を聴いて，仲裁判断書の全部又は一部について日本語による翻訳文を提出することを要しないものとすることができる。」としている。

2. 仲裁判断の承認及び執行拒絶事由

　仲裁判断の執行拒絶事由の範囲は狭いものであり，仲裁手続に基本的瑕疵がある場合，また，仲裁適格性，仲裁判断の公序良俗違反に限られる。仲裁判断の内容についての不服は認められない。

　一方当事者が仲裁判断の承認及び執行を求める場合，他方当事者（執行に反対する当事者）は，仲裁判断が執行されるべきでないとする拒絶事由を証明す

2　執行決定手続では，口頭弁論を要件とし，三審性をとる判決手続とは異なり，口頭弁論又は当事者出席による審尋によることもでき，また，決定不服に対しては即時抗告によることになる。決定手続では，手続に要する時間が判決手続より大幅に短縮されることになり，容易，迅速な手続となる。

ることで，執行を拒否することができる。例えば，①仲裁合意が適切，有効でない場合，②仲裁手続又は仲裁人の選任について適切な通知を受けなかった場合，又は主張の機会を与えなかった場合，③仲裁廷の構成又は仲裁手続が当事者の合意又は仲裁地の法に従っていなかった場合，④仲裁判断が申立ての範囲を超える事項に関する仲裁判断が含まれている場合等がある，また，裁判所の判断で拒否することを認められる場合に，拒否する事由として，⑤紛争の対象が仲裁によって解決できないとされている場合，⑥仲裁判断が公序良俗に反する場合がある。

仲裁法 45 条 1 項で，仲裁判断は確定判決と同一の効力を有するとしている。

また同 2 項で，「前項の規定は，次に掲げる事由のいずれかがある場合（第 1 号から第 7 号までに掲げる事由にあっては，当事者のいずれかが当該事由の存在を証明した場合に限る。）には，適用しない。」としている。

① 仲裁合意が，当事者の行為能力の制限により，その効力を有しないこと。

② 仲裁合意が，当事者が合意により仲裁合意に適用すべきものとして指定した法令（当該規定がないときは，仲裁地が属する国の法令）によれば，当事者の行為能力の制限以外の事由により，その効力を有しないこと。

③ 当事者が，仲裁人の選任手続又は仲裁手続において，仲裁地が属する国の法令の規定（その法令の公の秩序に関しない規定に関する事項について当事者間に合意があるときは，当該合意）により必要とされる通知を受けなかったこと。

④ 当事者が，仲裁手続において防御することが不可能であったこと。

⑤ 仲裁判断が，仲裁合意又は仲裁手続における申立ての範囲を超える事項に関する判断を含むものであること。

⑥ 仲裁廷の構成又は仲裁手続が，仲裁地が属する国の法令の規定（その法令の公の秩序に関しない規定に関する事項について当事者間に合意があるときは，当該合意）に違反するものであったこと。

⑦ 仲裁地が属する国（仲裁手続に適用された法令が仲裁地が属する国以外の国の法令である場合にあっては，当該国）の法令によれば，仲裁判断が確定していないこと，又は仲裁判断がその国の裁判機関により取り消

され，若しくは効力を停止されたこと。

⑧ 仲裁手続における申立てが，日本の法令によれば，仲裁合意の対象とすることができない紛争に関するものであること。

⑨ 仲裁判断の内容が，日本における公の秩序又は善良の風俗に反すること。

仲裁判断の承認及び執行の拒絶事由は，基本的に仲裁判断の取消事由（仲裁法 44 条）と同様である。また，モデル法 36 条（承認及び執行の拒否事由），及びニューヨーク条約 5 条にも同趣旨の規定が置かれている。

III. ニューヨーク条約に基づく外国仲裁判断承認及び執行の申立て

ニューヨーク条約の正式名称は「外国仲裁判断の承認及び執行に関する条約」"Convention on the Recognition and Enforcement of Foreign Arbitral Awards（New York, 1958）"（the New York Convention）である。ニューヨーク条約は多数の国々で承認されており，現在加盟国は 172 カ国である。外国仲裁判断の承認及び執行の申立ては，被申立人の所在地の国の管轄裁判所，また，被申立人が他国にも資産，財産がある場合，当該地国がニューヨーク条約加盟国であればその国の管轄裁判所に執行を求めることができる。

同条約 1 条 1 項で，「この条約は，仲裁判断の承認及び執行が求められる国以外の国の領域内においてされ，かつ，自然人であると法人であるとを問わず，当事者の間の紛争から生じた判断の承認及び執行について適用する。」と定めている。

1. ニューヨーク条約の適用範囲

ニューヨーク条約の適用について，締約国は 2 つの留保を行うことができる。それは相互承認留保と商事仲裁留保である。外国仲裁判断の承認及び執行に関して，相互承認留保宣言，また，商事仲裁留保宣言をしている締約国は多い。

2. 相互承認留保（相互主義）

　締約国は，相互主義の原則に基づき，他の領域においてされた仲裁判断の承認及び執行についてのみニューヨーク条約を適用することを宣言することができる。中国，韓国，インド，インドネシア，マレーシア，シンガポール，ベトナム，イギリス，アメリカを含む約3分の2の締約国は相互主義の宣言を行っている。日本も相互主義の宣言を行っている。

　相互主義の宣言を行った国の裁判機関は，他の締約国の領域において下された仲裁判断に対して本条約を適用することになる。

　ニューヨーク条約1条3項前段では，「他の締約国の領域においてされた判断の承認及び執行のみこの条約を適用する旨を相互主義の原則に基づき宣言することができる。」としている。

3. 商事（Commercial）性

　締約国は，契約に基づくものであるかどうかを問わず，宣言を行った国の国内法により商事と認められる法律関係から生ずる紛争についてのみニューヨーク条約を適用する商事性の宣言を行うことができる。中国，韓国，インド，インドネシア，マレーシア，ベトナム，アメリカを含む約3分の1の締約国が商事性の宣言を行っている。日本は商事性の留保宣言をしていない。

　ニューヨーク条約1条3項後段では，「いかなる国も，契約に基づくものであるかどうかを問わず，その国の国内法により商事と認められる法律関係から生ずる紛争についてのみこの条約を適用する旨を宣言することができる。」としている。

　商事性に関して，ニューヨーク条約には商事の定義がされておらず，法廷地国（執行を求める国）の国内法によるが，商事的性格のすべての関係から生じる事項を含み，商事性の概念を広く解釈すべきであるとされる。

4. 外国仲裁判断の承認及び執行拒絶事由

　外国仲裁判断の承認及び執行に関する拒絶事由としては，各国の仲裁法に規

定される拒絶事由とニューヨーク条約に規定される拒絶事由がある。各国の仲裁法の拒絶事由は，例えば，日本では，改正仲裁法46条に，また，モデル法36条に規定が置かれており，ニューヨーク条約と同趣旨の規定であるが，各法域により，拒絶事由の内容が異なり，差異が生じる法域もある。国ごとに法制度，運用実態を調査，検討する必要がある。

ニューヨーク条約5条では以下のとおりの仲裁判断の承認及び執行の拒絶事由が設けられている。

5条1項で，「判断の承認及び執行は，判断が不利益に援用される当事者の請求により，承認及び執行が求められた国の権限のある機関に対しその当事者が次の証拠を提出する場合に限り，拒否することができる。」としている。

(a) 第2条に掲げる合意の当事者が，その当事者に適用される法令により無能力者であったこと又は前記の合意が当事者が，その準拠法として指定した法令により若しくはその指定がなかったときは判断がされた国の法令により有効でないこと。

(b) 判断が不利益に援用される当事者が，仲裁人の選定若しくは仲裁手続について適当な通知を受けなかったこと，又はその他の理由により防禦することが不可能であったこと。

(c) 判断が，仲裁付託の条項に定められていない紛争若しくはその条項の範囲内にない紛争に関するものであること又は仲裁付託の範囲をこえる事項に関する判定を含むこと。ただし，仲裁に付託された事項に関する判定が付託されなかった事項に関する判定から分離することができる場合には，仲裁に付託された事項に関する判定を含む判断の部分は，承認し，かつ，執行することができるものとする。

(d) 仲裁機関の構成または仲裁手続が，当事者の合意に従っていなかったこと，または，そのような合意がなかったときは，仲裁が行われた国の法令に従っていなかったこと。

(e) 判断が，まだ当事者を拘束するものとなるに至っていないこと，または，その仲裁判断がされた国もしくはその仲裁判断の基礎となった法令の属する国の権限のある機関により，取り消されたかもしくは停止され

たこと。

また，同 2 項で，「仲裁判断の承認及び執行は，承認及び執行が求められた
国の権限のある機関が次のことを認める場合においても，拒否することができ
る。」としている。

 (a) 紛争の対象である事項がその国の法令により仲裁による解決が不可能な
    ものであること。
 (b) 仲裁判断の承認及び執行が，その国の公の秩序に反すること。

Ⅳ．ニューヨーク条約と他の条約及び国内法との関係

ニューヨーク条約 7 条 1 項では，承認及び執行を求める当事者がニューヨー
ク条約の規定よりもより有利な規則（more favorable provisions）に依拠する
ことを認めている。より有利な規則は，仲裁判断の承認及び執行が求められる
領域において適用される条約，及びその国内法の中にみられる。執行を求める
当事者は，執行手続に関して，ニューヨーク条約，他の国際条約，国内法の中
から，より有利な規則の適用を求めることができる。

1．多数国間条約，二国間条約との関係

日本が締結している国際商事仲裁に関する条約は，多数国間条約，また，二
国間条約も存在する。ニューヨーク条約 7 条 1 項前段で，「この条約の規定は，
締約国が締結する仲裁判断の承認及び執行に関する多数国間又は二国間の合意
の効力に影響を及ぼすものではなく，（後略）」としている。日本が締結してい
る多数国間条約としては，仲裁条項に関するジュネーブ議定書，外国仲裁判断
の執行に関するジュネーブ条約がある。これらの条約に関しては，ニューヨー
ク条約の締約国がこの条約に拘束される時から，及びその限度において，それ
らの国の間においては効力を失うとされている。ニューヨーク条約 7 条 2 項で，
「1923 年の仲裁条項に関するジュネーヴ議定書及び 1927 年の外国仲裁判断の
執行に関するジュネーヴ条約は，締約国がこの条約に拘束される時から，及び

その限度において，それらの国の間で効力を失うものとする。」としている。

　日本は，日本と相手国との間で仲裁判断の承認と執行に関する条項規定を盛り込んだ二国間同盟条約を締結している。例えば，日米友好通商航海条約他18カ国ある。当該二国間同盟条約は，ニューヨーク条約の影響を受けず，当該条約に基づく外国仲裁判断の承認，執行が可能となる[3]。同条約7条1項前段では，「この条約の規定は，締約国が締結する仲裁判断の承認及び執行に関する多数国間又は二国間の合意の効力に影響を及ぼすものではなく，（後略）」としている。

2. ニューヨーク条約と内国法との関係

　ニューヨーク条約と内国法の間で適用上の優先順位が問題となるが，日本では，条約が国内法に優先する[4]。ただし，ニューヨーク条約では，内国法との関係の規定を置いて，承認及び執行を求める当事者がニューヨーク条約の規定よりもより有利な規則（more favorable provisions）に依拠することを認めている。

　同条約7条1項後段で，「この条約の規定は，……また，仲裁判断が援用される国の法令又は条約により認められる方法及び限度で関係当事者が仲裁判断を利用するいかなる権利をも奪うものではない。」としている。執行を求める当事者は仲裁判断の承認，執行を求める国で認められている権利を失わないという趣旨であり，国内法がニューヨーク条約よりもより緩やかな要件を認めている場合は，国内法を利用することも可能である。

　例えば，ニューヨーク条約4条1項では，仲裁判断書は，正当に認証された原本又は正当に証明された謄本，また，仲裁合意の原本又は正当に証明されたその謄本の提出が必要であるとしている。改正仲裁法46条2項では，仲裁判

3　アメリカ，ハワイ州で下された仲裁判断につき，日本とアメリカとの間の「日米友好通商航海条約」に基づく日本での承認及び執行を求める訴えを容認した判決が下されている（名古屋地裁一宮支部判決昭和62年2月26日（判例時報123号138頁））。
4　憲法98条2項「日本国が締結した条約及び確立された国際法規は，これを誠実に遵守することを必要とする。」

断書の写し，その写しの内容が仲裁判断書と同一であることを証明する文書及び仲裁判断書の日本語による翻訳分を提出しなければならないとしている。ただし仲裁判断書の全部又は一部について，裁判所が相当と認めるときは，日本語の翻訳文を要しないとしている。

　ニューヨーク条約と仲裁法を比較すると，書類の提出要件が異なる。仲裁法がニューヨーク条約より緩やかな要件であり，承認及び執行を求める当事者は，より有利な規則である改正仲裁法46条2項を適用して裁判所に提出することが可能となる。

第14講

投資仲裁

　国際仲裁は，主に企業間の国際商事紛争を仲裁で解決する国際商事仲裁と，企業と国家との間の紛争を仲裁で解決する投資仲裁がある。近年，企業と国家との間の投資仲裁が増大している。

　第14講では，企業と国家との間の投資紛争を仲裁で解決する投資仲裁を取り上げて，国際商事仲裁と投資仲裁との相違，投資仲裁の形態，そして投資協定について検討，解説する。

Ⅰ. 私企業（投資家）と国家との間の投資紛争の解決手段について

　近年，私企業と国家（地方自治体，国家機関，国営企業等を含む）との間のビジネス，国際投資は増大している。一方で，私企業と国家との間の紛争も増大している。私企業と国家との間の紛争の解決手段としては，裁判と国際仲裁が挙げられる。また，国際仲裁は，国際商事仲裁と投資仲裁に大別できる。

　国際商事仲裁は，私企業と国家との間の契約から発生する紛争を当該契約書に規定されている仲裁条項に基づいて仲裁によって解決する方法である。

　投資仲裁は，外国投資家と投資受入国家との間の投資紛争解決（Investor-State Dispute Settlement：ISDS）条項に規定される投資仲裁条項に基づく仲裁を意味する。投資受入国家と投資家の国との間の投資協定には ISDS 条項が設けられるが，その解決手続の多くは投資仲裁条項である。外国投資家は，投資受入国家に対して，投資仲裁条項に基づき投資仲裁を申し立てることができる。

　投資家と投資受入国家との間の紛争解決は次の問題を含む。

① 投資紛争を裁判で解決するうえで何が問題となるのか。

② 投資紛争の解決に仲裁がなぜ利用されるのか。

③ 国際商事仲裁と投資仲裁とはどこが相違しているのか。

④ 投資仲裁にはどのような種類，形態があるのか。

⑤ 投資協定，日本が締結する投資協定について。

⑥ 投資協定で保護される投資家，投資財産の定義について。

⑦ 投資受入国家の保護の内容について。

1. 裁判による投資紛争解決

　裁判は国家機関による解決であり，投資家と国家との間の紛争が発生し，投資紛争の解決に裁判を選択した場合は次のような問題を含む。

　① 投資家が投資受入国家を被告として，原告地（投資家の国）の裁判所に

訴訟を提起しようとする場合，外国国家に対する裁判権免除または主権
免除（sovereign immunity）の原則に基づくと，国家は原則として外国
の裁判所に訴えることができるが，被告として外国の裁判権に服するこ
とはない。投資家が投資受入国家を相手に原告地である投資家国内裁判
所に訴えを提起した場合には，国家は，応訴しない限りは，被告として
外国の裁判権に服すことがない。主権免除の法則に基づくと，外国投資
家が投資受入国家を相手に裁判を行うことができるのか否かが問題とな
る。

② 投資家が投資受入国家を被告として，被告地（投資受入国家）の国内裁
判所で裁判を行うことは可能であるが，果たして，投資受入国家の裁判
所が公正な裁判を行うか否かが問題となる。投資受入国家の裁判所で投
資受入国家を被告とする裁判では，国家的偏見等から，投資家が勝訴で
きる見込みがほとんどないのが現状である。

2. 国際仲裁による紛争解決

投資家と投資受入国家との間の投資紛争では国際仲裁がよく利用されるが，
その理由としては，仲裁は当事者合意により行われる当事者自治による解決で
あるので，当事者間の合意で仲裁手続等を決定できることがある。例えば，次
のような利点がある。

① 当事者が仲裁人を選任することができ，手続の公正性，中立性，及び国
際的標準を確保しやすい

② 使用言語は当事者が合意する言語が利用でき，訴訟のように，裁判所の
国家の公用語に限定されない

③ 投資家の国の裁判所に訴訟を提起することにより発生する裁判権免除の
問題を避けることができる。また，国家間の主権侵害の問題や，裁判の
ような裁判権免除の問題は発生しない

投資協定には，通常，投資家対投資受入国家との間の紛争解決条項に投資仲
裁条項が規定されているが，投資家が投資受入国家で行う事業に対して，投資

受入国家から不当な扱いを受けた場合は，投資家は投資協定に基づき当該国家を直接に訴えることができる。投資協定には，投資家と国家との間のISDS条項が規定されており，その多くが投資仲裁条項である。

　投資受入国家が投資協定の規定内容に違反していると投資家が考える場合は，投資家と投資受入国家との間の投資協定に関する協定違反を理由に投資仲裁を申し立てることができる。

Ⅱ．投資仲裁と国際商事仲裁の相違について

1．国際商事仲裁と投資仲裁の基本的相違

　国際商事仲裁と投資仲裁の基本的相違については，紛争当事者及び対象となる紛争の性質である。国際商事仲裁は，企業対企業との間の紛争（私企業と国家との間の紛争も仲裁対象となる）が中心であり，通常は，当事者間で締結した契約に仲裁条項が置かれており，その契約から発生する紛争を対象とする仲裁である。仲裁の種類，形態には，アドホック仲裁と機関仲裁がある。

図表4　国際商事仲裁

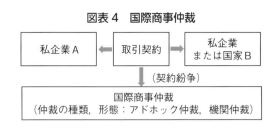

　投資仲裁は，私人，私企業である投資家対投資受入国家との間の紛争であり，国家間の投資協定から発生した紛争を対象とする仲裁である。仲裁の種類，形態には，ICSID仲裁，UNCITRAL仲裁規則を利用するアドホック仲裁（UNCITRAL仲裁），機関仲裁がある。

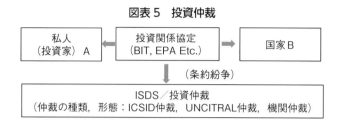

図表5　投資仲裁

2. 投資仲裁（ICSID仲裁）と国際商事仲裁の手続上の比較

投資仲裁と国際商事仲裁を手続面で対比すると種々の相違がみられる。国際商事仲裁と投資仲裁とでは手続上の相違が各所にみられる。

（1）仲裁の対象となる紛争
・国際商事仲裁

国際商事仲裁の対象となる紛争は，通常は，当事者間で締結する契約に仲裁条項が規定されているが，当該契約から，又は関連して発生する紛争が仲裁の対象となる。

・投資仲裁

投資仲裁の対象となる紛争は，投資協定にISDS条項として投資仲裁条項が規定されている場合，当該協定で合意された投資受入国の投資協定の義務違反から生じる紛争，条約違反から発生する紛争が仲裁の対象となる。

（2）仲裁合意
・国際商事仲裁

国際商事仲裁は，当事者間で結ばれる紛争を仲裁に付託する仲裁合意が前提条件となる。通常は，当事者間で締結される契約書に仲裁合意（仲裁条項）が規定されており，その仲裁合意に基づいて仲裁が申し立てられ，仲裁手続が進められる。

・投資仲裁

　投資仲裁の仲裁合意は，国家間で締結された投資関係協定に投資紛争解決条項に仲裁条項が規定されていれば，投資家と投資受入国家との間の紛争を投資仲裁で解決することの仲裁合意であり，投資家がその投資協定に規定される仲裁条項に基づき投資仲裁を申し立てることができる。投資家の仲裁申立てにより，投資受入国家との間に仲裁合意が成立することになる。投資家は，さらに投資受入国家との間で新たに仲裁合意をする必要はない。

(3) 当事者

・国際商事仲裁

　国際商事仲裁では，仲裁の当事者は，企業対企業，企業対個人，企業対国家等，あらゆる当事者がその対象となる。

・投資仲裁

　投資仲裁では，仲裁の当事者は，投資家（企業又は個人）対投資受入国家である。

(4) 秘密性と公開性

・国際商事仲裁

　国際商事仲裁は，原則，非公開である。国際商事仲裁の特徴，メリットとして手続及び仲裁判断は非公開であり，仲裁で解決することが挙げられる。

・投資仲裁

　投資家対投資受入国家との仲裁では，公益性を考慮して，透明性を確保するために仲裁手続，仲裁判断の公開を原則としている。ICSID仲裁，UNCITRAL仲裁では仲裁手続の公開が認められている。ICSID仲裁では，仲裁が申し立てられた事実，仲裁手続が終了した事実，仲裁判断は公開される。

(5) 仲裁機関と仲裁規則

・国際商事仲裁

国際商事仲裁には機関仲裁とアドホック仲裁がある。

アドホック仲裁では，手続管理を仲裁機関に委ねず，当事者自ら仲裁手続を個別に行うことになる。仲裁規則は，当事者で合意により取り決めることになるが，UNCITRAL 仲裁規則を当事者合意により採用することがある。

機関仲裁は，当事者が合意する指定の常設仲裁機関が仲裁手続の管理を行う方式の仲裁をいう。例えば，契約書に挿入する仲裁条項に，具体的に仲裁機関を指定することで，紛争が発生した場合は，指定した仲裁機関が仲裁手続管理を行う。仲裁規則は，通常，指定する常設仲裁機関が備えており，その仲裁規則を利用することになる。

・投資仲裁

投資仲裁の種類，形態には，ICSID 仲裁，UNCITRAL 仲裁，機関仲裁がある。

ICSID 仲裁の場合は，ICSID 条約及び ICSID 仲裁規則に基づき ICSID 仲裁センターが手続管理を行う。

UNCITRAL 仲裁規則は，原則アドホック仲裁であり，当事者が手続を進めることになるが，手続管理を常設の仲裁機関に委託することがある。オランダ，ハーグにある常設仲裁機関，Permanent Court of Arbitration（PCA）を利用することが多い。仲裁規則は UNCITRAL 仲裁規則を利用することになる。

民間の仲裁機関による投資仲裁では，例えば，国際商業会議所（ICC），ストックホルム商業会議所（Stockholm Chamber of Commerce：SCC）などの仲裁機関が，その仲裁機関が備える仲裁規則に基づき管理手続を行う。

(6) 仲裁人の数と選任

・国際商事仲裁

国際商事仲裁では，仲裁人の数は当事者の合意が優先されるが，通常は，1人か 3 人で仲裁廷が構成される。仲裁人の選任については，国際商事仲裁で

は，1人の場合は，当事者の合意により選任され，合意がない場合は仲裁機関が選任する。3人の場合は，当事者がそれぞれ1名の仲裁人を選任して，当事者選任の2仲裁人が第三仲裁人を選任し，選任ができない場合は，仲裁機関が選任する。仲裁人の国籍は制限されず，第三仲裁人は，当事者と異なる第三国籍の仲裁人の選任が最近の傾向である。仲裁人の職業としては，弁護士，元裁判官，私法学者，エンジニア，公認会計士，他分野の専門家が挙げられる。一般に仲裁機関は仲裁人名簿を備えている。仲裁人の選任において，仲裁人名簿から仲裁人を選任することに限っている仲裁機関と，名簿外からの選任を認めている仲裁機関がある。

・投資仲裁

　投資仲裁では，ICSID 仲裁を例に挙げると，仲裁人の数は3人である。仲裁人の任命の方法について，当事者間の合意がないときは，各当事者が各1人の仲裁人を任命し，両当事者の合意に基づき第三の仲裁人を任命する。一定期間に仲裁廷が構成されない場合は，ICSID センターの理事会の議長が，当事者の意見を聴いたうえで，センターが備える仲裁人名簿に登載されている仲裁人候補者から選任することになる。議長が任命する仲裁人は，紛争当事者である ICSID 条約国又は紛争当事者の国籍の属する締約国の国民であってはならないことを原則とする。

　名簿仲裁人は，ICSID 条約締約各国が名簿に登載すべき4名の候補者を推薦，指名する。日本政府は，4名の ICSID 仲裁人名簿登載の仲裁人候補者を指名している。仲裁人の職業としては，弁護士，元裁判官，国際法学者，元官僚，政治家等が挙げられる。

(7) 仲裁の使用言語

・国際商事仲裁

　国際商事仲裁では，当事者の合意によっていずれの言語も可能であることを原則とし，当事者合意がない場合は，仲裁廷が使用言語を決定する。実際上は，英語又は仲裁地の言語となるケースが多い。

・投資仲裁

投資仲裁では，ICSID 仲裁を例に挙げると，公式言語が，英語，フランス語，スペイン語であり，そのいずれかの言語を原則とする。当事者合意により，一定の条件の下に他の言語も認められる。

(8) 仲裁判断において準拠すべき法

・国際商事仲裁

国際商事仲裁は法に基づく判断が下される。国際商事仲裁は国境を越える当事者間の紛争を対象としているので，どこの国，地域の法を適用するのかという準拠法問題が伴う。仲裁廷が仲裁判断において準拠すべき法は当事者合意による準拠法（契約書に規定される準拠法）による。当事者間の合意がない場合は，通常，仲裁廷が適切と考える紛争に最も密接な関係がある法（最密接関係地法）を適用する。また，当事者双方の明示の合意が条件となるが，法によらないで，衡平と善により判断することも認められる。

・投資仲裁

ICSID 投資仲裁は法による判断が下される。投資関連協定と他の国際法（条約や慣習など）及び投資受入国家の国内法が適用されることになる。投資仲裁においても，衡平と善により判断することも認められている。

(9) 仲裁判断の取消し

・国際商事仲裁

国際商事仲裁では，仲裁判断の取消しは，仲裁地の管轄裁判所において，その取消しを求めることができる。仲裁判断の取消事由は，限定されており，仲裁廷の事実認定，法の適用の誤りなどの実体的判断の誤りは取消事由とはならない。取消事由としては，仲裁合意や手続上の瑕疵，また，仲裁判断が公の秩序又は善良の風俗に反することが挙げられる。

・投資仲裁

　投資仲裁では，ICSID 仲裁を例に挙げると，仲裁判断の取消しは，裁判所ではなく，ICSID にその取消しを求めることになる。ICSID 理事会の議長が組織する特別委員会が，取消事由の有無を判断する。取消事由は，例えば，仲裁廷が明らかに権限を逸脱した場合，手続の基本原則から重大な違反があった場合，仲裁判断の基礎となる理由が仲裁判断中に述べられていない場合等の限られた事由である。

　なお，投資仲裁の他の形態である UNCITRAL 仲裁，機関仲裁の下での仲裁判断の取消しは仲裁地の管轄裁判所に求めることになり，取消事由も国際商事仲裁と同様である。

（10）外国仲裁判断の承認及び執行

・国際商事仲裁

　国際商事仲裁では，仲裁判断の承認及び執行は，被告の所在地，又は被告が保有する財産所在地の裁判所に求めることになる。外国仲裁判断の承認及び執行に関しては，172 カ国が加盟する外国仲裁判断の承認及び執行に関する条約（ニューヨーク条約）に基づき裁判所に求めることができる。裁判所の仲裁判断の承認，執行判決を経て強制執行ができる。

・投資仲裁

　投資仲裁では，ICSID 仲裁を例に挙げると，外国仲裁判断の執行に関しては，ICSID 条約により承認されている。締約国各国は，これを承認する義務があり，国家裁判所の執行判決を経ることなく，執行が可能となる。ICSID 条約では，加盟国は ICSID 条約に拘束され，ICSID 仲裁判断を承認するとともに，金銭の支払義務に関する仲裁判断については，自国の裁判所の確定判決として扱って執行しなければならないと定めている。

　なお，ICSID 仲裁以外の他の投資仲裁形態である，UNCITRAL 仲裁，及び機関仲裁の仲裁判断は，国際商事仲裁と同様に，ニューヨーク条約を中心とする国際条約に基づき国家裁判所の承認，執行判決を経て執行することができ

る。

III. 投資仲裁の形態

　投資仲裁はどのような仲裁形態があるのか，どこの仲裁機関，また仲裁規則に基づき仲裁が行われるかが問題となる。投資仲裁の形態は，適用される投資協定の ISDS 条項に定められている仲裁の形態によることになる。

　投資仲裁の形態には，① ICSID 仲裁，② UNCITRAL 仲裁，③民間の仲裁機関による機関仲裁がある。各投資協定の ISDS 条項に定められる投資仲裁条項では，上記いずれかの仲裁形態を指定した規定が置かれている。以下に各投資仲裁の形態について簡単に紹介する。

1. ICSID 仲裁

　ICSID は，International Center for Settlement of Investment Disputes の略であり，投資紛争解決国際センターと訳されている。ICSID は，「国家と他の国家の国民との間の投資紛争の解決に関する条約」（Convention on the Settlement of Investment Disputes between States and Nationals of Other States：ICSID 条約）に基づき，ワシントンに所在する世界銀行の中に創設された世界銀行グループの国際機構である。

　ICSID は，事務局を置いて，仲裁規則，調停規則を備え，条約締約国の各国推薦の仲裁人，調停人候補者名簿を備え，投資家と投資受入国家との投資紛争を解決するための仲裁及び調停を行っている。ICSID 仲裁は，ICSID 条約及び ICSID 仲裁規則に基づき手続が行われる。

2. UNCITRAL 仲裁

　UNCITRAL 仲裁は，国連国際商取引法委員会（UNCITRAL）が策定した UNCITRAL 仲裁規則（2010 年改正）を利用する仲裁をいう。UNCITRAL 仲裁は通常の国際商事仲裁と同様の手続であり，仲裁地の仲裁法が適用される。

　仲裁手続の形態としては，アドホック（ad-hoc）仲裁を行う場合と，オラン

ダ，ハーグに所在する常設仲裁裁判所である PCA に仲裁手続管理を任せる方式がある。

3. 機関仲裁

民間による仲裁機関の機関仲裁は，適用される投資協定に定められている仲裁機関によることになる。指定されている民間の仲裁機関としては，スウェーデンにある SCC や ICC 等が挙げられる。機関仲裁による投資仲裁では，国際商事仲裁と同様の手続であり，当該仲裁機関の仲裁規則，仲裁地の仲裁法が適用される。

IV. 投資協定について

1. 投資協定とは

投資協定は，国家間で締結されるものである。投資環境を整備し，個人，企業などの投資家が行った投資の保護と国内市場の自由化による投資家の投資促進を目的としており，送金の自由の保証，外資規制の透明性等の規定が含まれる。また，外国投資家の投資であることを理由に，投資受入国家が，投資家に差別的待遇をする，投資財産を国有化するなどの不当な行為を制限，禁止する規定を含む。EPA/FTA の投資章も投資協定と同様の内容を規定しており，投資協定と EPA/FTA の投資章を含めて投資関連協定と呼んでいる。投資協定は投資条約ともいう。

2. 日本が締結する投資協定

企業による海外直接投資の拡大を受けて，政府間で締結された投資協定の数は飛躍的に増加しており，最近では，日本政府も，投資協定又は投資に関する規律を含む経済連携協定等の締結を促進している。

（1）日本政府が締結する発行済みの投資協定

日本政府は，二国間投資協定（Bilateral Investment Treaty：BIT），例え
ば，中国，香港，韓国，ベトナム，ペルー，コロンビア，ウルグアイ，ウクラ
イナ，ジョージア，トルコ，サウジアラビア，イラン，UAE，エジプト，ケ
ニア，モロッコ，また，三国間投資協定（Trilateral Investment Treaty），例
えば，日・中・韓投資協定を含み，36 件の投資協定を締結している[1]。

（2）日本政府が締結する投資章を含む発行済みの経済連携協定

投資章を含む発行済みの経済連携協定（EPA）は，例えば，シンガポール，
マレーシア，タイ，ブルネイ，インドネシア，フィリピン，インド，モンゴ
ル，オーストラリア，スイス，EU を含む 19 件の経済連携協定を締結している。

（3）日本政府が加盟，批准している投資章を含む多数国間協定

日本政府は，多数国間投資協定である，エネルギー憲章条約（Energy
Charter Treaty：ECT）の加盟，批准，また環太平洋経済連携協定（Trans-
Pacific Partnership Agreement：TPP）の署名，締結を果たしている。

エネルギー憲章条約は，10 条（投資の促進，保護，及び待遇）に投資の規
定が設けられている。同条約は 1998 年 4 月 16 日に発効しており，現在 50 カ
国及び 2 国際機関が同条約を締結している。日本では，2002 年 10 月 21 日に
同条約が発効している。

環太平洋経済連携協定は，第 9 章に投資に関する規定が設けられている。同
条約は，2018 年 12 月 30 日に，メキシコ，日本，シンガポール，ニュージー
ランド，カナダ，オーストラリアの 6 カ国間で発効し，その後，ベトナム，ペ
ルー，マレーシア，チリ，ブルネイが加わり発効している。

1　経済産業省ホームページ，投資協定一覧表を参照。

V. 投資協定で保護される「投資家」,「投資財産」の定義について

1. 投資協定の対象となる投資家

(1) 投資家とは

　投資協定で保護される「投資家」とは，①投資協定締結国の国籍を持つ個人，②投資協定締結国の法律に基づいて設立された法人をいう。法人は，一般に，会社，社団，信託，合弁会社，個人企業等を含む。

　法人の場合，締約国の投資家にあたるか否かは，原則，設立準拠法国が締約国か否かという形式的基準で判断される。ただし，投資家の範囲は，適用される各投資協定の投資家の定義により解釈されることになるので，各投資協定の投資家の定義及び利益否認条項などの関係規定を吟味，検討することが大切である。

(2) 第三国経由の投資による投資協定の保護

　投資先国と第三国との間に投資協定が締結されている場合，その第三国に投資協定の保護対象となる子会社を設立して，その子会社から投資先国に投資を行うことがある。この場合も，投資家として保護される可能性は高い。例えば，サルカ事件は，野村證券のオランダ子会社を通してのチェコ投資の保護に関連する仲裁事件として有名である[2]。

　一部の投資協定に含まれる条項であるが，利益否認条項には注意を要する。利益否認条項とは，第三国の子会社を通じて投資を行う場合，当該子会社が締

---

2 日本企業が投資仲裁を利用した最初の事例としてサルカ事件は有名である。日本の野村證券の子会社であるオランダ企業のサルカ（Saluka Investment）とチェコ政府との間の投資紛争につき投資仲裁を使って解決した事件である。仲裁廷は，チェコ政府の措置・態度は，公正衡平待遇に違反するとして，チェコ政府に対して賠償を命じる仲裁判断を下している（2006 年）。チェコ政府は，投資家側に約 187 億円と金利分の賠償を支払っている。

約国でない親会社となる投資家によって支配されており，当該第三国では実質的な事業活動を行っていない場合には，投資受入国家が，その投資家，投資財産に対して投資協定上の保護を与えないことができる条項をいう。

2. 投資協定で保護される投資財産

投資財産とは，投資家が直接または間接に所有又は支配するあらゆる財産をいう。財産には，企業，企業の支店，株式，出資，その他の形態の企業の持ち分，債券，社債，貸付金その他の形態の貸付債権，契約に基づく権利，金銭債権，知的財産権，法令又は契約によって与えられる権利（免許，承認，許可，他）などを含みその他すべての財産が対象になる。投資財産は，各投資協定で具体的に定義されているが，投資協定の中には，投資財産リストに限定する限定列挙をして，リストに列挙されていない投資財産には保護を与えないとする投資協定もあるので，個別ケースごとに投資協定の投資財産の定義を吟味する必要がある。

VI. 投資協定による投資受入国家の保護，補償

1. 投資協定による保護，補償ルール

投資協定では，投資家が投資受入国家において事業を行ううえで投資受入国家から不当な扱いを受けないように，投資家の投資活動に関して，適正な利益を保護するための規定が設けられている。規定の内容は協定ごとに異なるが，例えば，次のようなものである。

① 収用の制限：投資家に補償をしないで，投資家が投資した財産や施設を強制的に剥奪，国有化することを制限すること。
② 内国民待遇：外国投資家を現地企業より不利に扱わないこと。
③ 公正衡平待遇：不当な行為や嫌がらせ等国家権力の不当行使を禁じること。
④ 最恵国待遇：第三国投資家より不利に扱わないこと。

万が一投資受入国家が規定内容に違反した場合は，投資家が国家に対してその履行，補償を求めることができる規定内容になっている。

2. 約束遵守条項（アンブレラ条項）

投資協定の中には，補償規定に約束遵守条項（アンブレラ条項）が設けられている協定がある。アンブレラ条項は，投資受入国家が投資家の投資財産又は投資活動に関して行った約束，投資家と投資受入国家との間に締結された契約等を遵守しなければならないことを定めている。投資受入国家が，投資家による投資活動，投資財産に関連して，投資家との間の契約等の義務を遵守しない場合には，投資家は，投資受入国家に対して，当該契約違反等に基づいて投資協定違反を主張することができ，その契約違反がアンブレラ条項違反となり，当該契約違反の紛争を投資仲裁に持ち込むことができる。

例えば，投資家と投資受入国家との間で発電プラント建設契約を締結した場合に，その契約を遵守する旨の規定が置かれており，当該国家が当該契約上の義務違反を犯した場合，投資家は，投資受入国家と締結した当該発電プラント建設契約の契約違反による請求とは別に，投資家の国家と投資受入国家との間の投資協定に含まれるアンブレラ条項に基づき，当投資受入国家に対して，当該契約上の義務違反が投資協定違反として，投資協定に規定される投資仲裁条項に基づき投資仲裁を申し立てることができる。

和 文 索 引

欧 文 索 引

【著者紹介】

大貫　雅晴（おおぬき　まさはる）

［略歴］

2002年－2016年　（一社）日本商事仲裁協会（JCAA）　理事（仲裁担当）

2016年6月　GBCジービック大貫研究所　創設

［現在］

GBCジービック大貫研究所　代表

（公社）日本仲裁人協会　理事

京都国際調停センター　運営委員・調停人

関西国際取引争訟研究会　会長

関西大学経済・政治研究所　顧問

同志社大学　特別講師

大阪商工会議所・神戸商工会議所・各地域貿易協会・日本貿易振興機構 他
国内外で国際取引契約・紛争解決関係セミナーで講師を務める。

　主要著書には，『英文販売・代理店契約（第2版）』『貿易売買契約とリスク対応実務』『国際商取引紛争解決の法と実務』『国際OEM契約書の作成実務―業務提携のための必須知識』（以上，同文舘出版刊）他がある。

2024年4月1日　初版発行　　　　　　　　　略称：国際仲裁講座

国際商事仲裁の基本実務講座

著　者　Ⓒ　大　貫　雅　晴

発行者　　中　島　豊　彦

発行所　同　文　舘　出　版　株　式　会　社

東京都千代田区神田神保町1-41　　〒101-0051

営業（03）3294-1801　　編集（03）3294-1803

振替 00100-8-42935　https://www.dobunkan.co.jp

Printed in Japan 2024　　　製版：朝日メディアインターナショナル

印刷・製本：三美印刷

装丁：オセロ

ISBN978-4-495-65022-3

本書と ともに〈好評発売中〉

A5判・248頁
税込3,190円（本体2,900円）

A5判・288頁
税込3,520円（本体3,200円）

A5判・208頁
税込3,190円（本体2,900円）

A5判・280頁
税込3,850円（本体3,500円）

同文舘出版株式会社